W0326198

Kuchen im Glas

Lecker und originell — zum Selbstgenießen oder als Geschenk

EDITION XXL

Inhalt

Bitte beachten Sie die Angaben zur Gläsergröße und Einfüllmenge auf Seite 5!

Vorwort

Kuchen im Glas sind eine ideale Lösung, wenn plötzlich Besuch vor der Tür steht: Man muss nicht erst zum Kuchenbacken in der Küche verschwinden oder zum nächsten Bäcker oder Konditor eilen, sondern kann sich in aller Ruhe seinen Gästen widmen. Mit den zauberhaften kleinen Kuchen im Glas sind Freunde und Verwandte immer herzlich willkommen. Und auch wenn Sie oder Ihre Familie die Lust auf Kuchen überkommt, sind Sie bestens vorbereitet.

Wenn die Kuchengläser gleich nach dem Backen fest verschlossen werden, sind sie wie eingemachtes Obst, Gemüse oder Marmelade recht lange haltbar und optimal verpackt. Kühl und dunkel aufbewahrt können die Kuchen im Glas einige Monate gelagert werden – wenn sie nicht schon vorher verzehrt werden, denn sie sind wunderschön anzuschauen und einfach unwiderstehlich. Ebenso eignen sich die kleinen Leckerbissen im Glas auch als Geschenk oder kleines Präsent, dem eine Einladung zu einem besonderen Ereignis beigefügt werden kann – sozusagen als Vorgeschmack auf ein schönes Fest. Egal zu welchem Anlass Sie Kuchen im Glas herstellen – Sie werden damit ganz sicher viel Freude bereiten und Bewunderung ernten!

Die Zubereitung von zahlreichen süßen und auch pikanten Kuchen sowie Dessertkuchen im Glas wird genau erklärt. Ein ausführlicher Ratgeber informiert über alles Wissenswerte rund um die Backkunst im Glas. Dabei kann nichts schief gehen und jeder kann unter den vielfältigen Rezepten seinen Lieblingskuchen finden!

Viel Spaß beim Backen und Genießen
wünscht Ihnen

Elisabeth Bangert

Ratgeber

Die Anfänge des „Einweckens"

Durch die Haltbarmachung von Lebensmitteln können Vorräte für schlechte Zeiten oder den Winter angelegt werden. Vor der Entdeckung der Grundlagen des Einkochverfahrens war dies nur durch Dörren oder Einlegen in Salz möglich.

Ende des 17. Jahrhunderts gelang es dem französischen Physiker Denis Papin erstmals, mit Hilfe von Wasserdampf ein Vakuum zu erzeugen. 100 Jahre später nutzte der Zuckerbäcker François Nicolas Appert die Erkenntnisse über das Sterilisieren von Behältern und Einmachgut, um die Truppen von Napoleon Bonaparte zu verpflegen: Er entwickelte das Verfahren des Konservierens von Obst und Gemüse in Glasbehältern. Nach weiteren 100 Jahren wurde diese Methode durch den Chemiker Dr. Rudolf Rempel durch die Verwendung von Gummiringen optimiert. Das Patent für dieses Verfahren erwarb kurz darauf der Unternehmer Johann Carl Weck, dessen Firma bis heute besteht und zum Inbegriff des Einkochens bzw. „Einweckens" geworden ist.

Kleine, haltbare Kuchen – passend zu vielen Gelegenheiten

In der heutigen Zeit sind wir nicht mehr auf die Haltbarmachung von Lebensmitteln im Haushalt angewiesen. Es ist dennoch eine schöne Tradition, Obst, Gemüse, Kompott oder Marmelade zur Versorgung der Familie oder zur Herstellung von vorzüglichen hauseigenen Spezialitäten einzukochen.

Kuchen im Glas sind eine besonders gastfreundliche Art der Vorratshaltung, weil man zu jeder Zeit spontanen Besuch mit selbstgebackenem Kuchen bewirten kann – ganz abgesehen von der eigenen plötzlichen Lust auf Kuchen. Außerdem sehen Kuchen im Glas wunderschön aus und eignen sich hervorragend als persönliches Geschenk für alle Gelegenheiten: zum Geburtstag, zum Muttertag, zur Hochzeit oder einfach nur als kleines Dankeschön. Mit einem individuell gestalteten Etikett und schön verpackt kommen Kuchen im Glas immer gut an.

Als originelle Einladung zu einem Fest oder einem anderen besonderen Ereignis werden Sie mit einem Kuchen im Glas besondere Aufmerksamkeit erhalten: Versehen Sie ihn mit einem fantasievollen Etikett oder einem kleinen Anhänger, auf den Sie den Einladungstext schreiben. Etiketten zum Ausschneiden finden Sie als Kopiervorlage im Vor- und Nachsatz des Buches.

Als weitere Dekorationen eignen sich Bänder, Bastschnüre oder passende Accessoires, die Sie durch Festbinden oder Festkleben am Glas oder auf dem Deckel befestigen können. Hier sind Ihrer Fantasie keine Grenzen gesetzt!

Backen im Glas

Bei vielen Kuchen im Rezeptteil wird der Teig direkt in den Gläsern gebacken. Dabei bietet sich die Möglichkeit, die noch heißen Gläser sofort zu verschließen. Durch die Abkühlung im Inneren des Glases entweicht die Luft und der Deckel wird fest verschlossen. Der Glasinhalt bleibt dadurch lange haltbar. Achten Sie (ähnlich wie beim Einkochen von Marmelade) beim Einfüllen des Teigs darauf, dass die Glasränder sauber bleiben. Nur so kann der Kuchen vor dem Eindringen von Luftsauerstoff und Bakterien bzw. Schimmelpilzen geschützt werden und länger haltbar bleiben.

Dessertkuchen im Glas

Einige Kuchen im Rezeptteil werden ähnlich einer Torte mit einem Boden aus Keksbröseln oder einem bereits gebackenen Biskuit sowie einer Frucht-, Käse- oder Sahnecreme hergestellt. Sie werden nicht im Backofen gebacken, sondern zum Festwerden im Kühlschrank gekühlt und sind zum direkten Verzehr aus dem Glas gedacht. Natürlich können auch diese Kuchen mit einem Deckel verschlossen werden, jedoch sind sie nicht besonders lange haltbar. Im Kühlschrank aufbewahrt überdauern sie nur einige Tage und sollten rasch aufgebraucht werden.

Geeignete Gläser

Sie können sowohl Einmachgläser mit Gummiring und Klammer als auch Schraubgläser (Twist-off-Gläser) einsetzen. Wenn Sie den Kuchen im Ganzen aus dem Glas lösen möchten, sollten Sie Gläser in Sturzform benutzen. Diese sind nach oben hin weiter als am Glasboden. Sollten sich die Gläser nach oben hin verjüngen oder gar bauchig sein, können die Kuchen nicht gestürzt werden.

Achten Sie darauf, dass der Glasrand und der Deckel nicht beschädigt sind, damit keine Luft eindringen kann und der Kuchen nicht vorzeitig verdirbt.

Für Dessertkuchen, die nicht gestürzt werden, können Sie beliebige Gläser verwenden.

Gläsergröße und Einfüllmenge

Die bei den Rezepten angegebene Gläsergröße und -anzahl ist lediglich eine Orientierungshilfe. Sie können jeweils auch größere oder kleinere Gläser verwenden, je nachdem, welche Sie vorrätig haben. Sie müssen dann die Anzahl der Gläser entsprechend erhöhen bzw. verringern. Beachten Sie bitte, dass Sie die Gläser höchstens zu zwei Dritteln füllen dürfen, da der Teig beim Backen aufgeht! Außerdem verlängert bzw. verringert sich die Backzeit je nach Glasgröße (Stäbchenprobe!).

Die Gläser vorbereiten

Vor dem Einfüllen des Teigs müssen die Gläser und die Deckel gesäubert und heiß ausgekocht werden.

Die Gummiringe sollten vor dem Auflegen auf den Glasrand in kaltes Wasser gelegt werden. Achten Sie darauf, dass die Gummiringe nicht spröde oder rissig sind und tauschen Sie sie gegebenenfalls gegen neue aus.

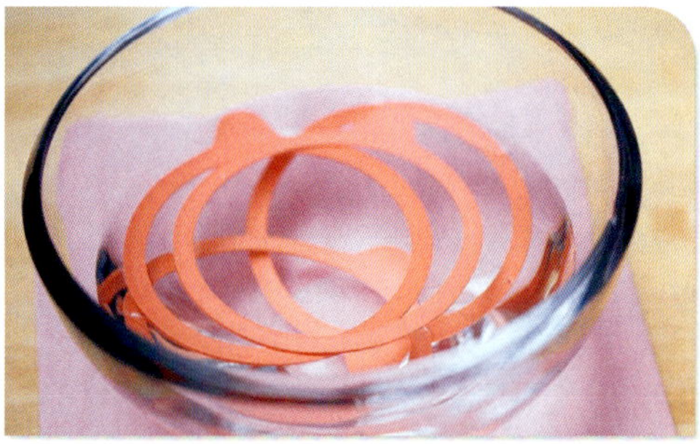

Nach dem Auskochen der Gläser und vor dem Einfüllen des Teigs müssen die Gläser je nach Rezeptanweisung mit Butter oder Öl eingepinselt werden. Achten Sie darauf, dass der Rand und der Deckel fettfrei bleiben.

Befüllen Sie die Gläser höchstens zu $^2/_3$ mit Teig, da er beim Backen noch aufgeht. Achten Sie darauf, dass die Glasränder sauber bleiben.

Die Kuchen backen

Den Backofen vorheizen und die mit Teig befüllten Gläser ohne Deckel auf dem Rost in der Ofenmitte so lange backen, wie im Rezept angegeben. Vor dem Herausnehmen sollten Sie eine **Stäbchenprobe** durchführen: Stechen Sie mit einem Holzstäbchen in die dickste Stelle des Kuchens und ziehen Sie es wieder heraus. Klebt noch Teig am Holzstäbchen, ist der Kuchen noch nicht gar. Ist das Stäbchen trocken, ist die Garzeit abgeschlossen. Ziehen Sie beim Herausnehmen der Gläser Topfhandschuhe an, damit Sie sich nicht die Finger am heißen Glas verbrennen.

Verschließen und Aufbewahren

Natürlich können Sie die Kuchen gleich nach dem Backen aus den Gläsern lösen und servieren.

Wenn Sie sie aber länger aufbewahren möchten, sollten Sie Folgendes beachten: Die Gläser müssen verschlossen werden, solange sie noch heiß sind, also unmittelbar nach dem Herausnehmen aus dem Backofen. Sollte der Kuchen zu stark über den Glasrand hinausragen, so können Sie ihn einfach abschneiden. Achten Sie dabei unbedingt darauf, dass der Glasrand sauber bleibt.

Bei Gläsern mit Schraubverschluss setzen Sie den Deckel auf und schrauben ihn zu. Stellen Sie das Glas für ein paar Minuten auf den Kopf: Es schließt dichter und der Kuchen lässt sich besser herauslösen.

Bei Einmachgläsern legen Sie den abgetropften Gummiring auf den Glasrand, setzen den Deckel darauf und spannen die Klammern über Deckel und Glasrand. Nach dem vollständigen Auskühlen können die Klammern wieder abgenommen werden. Wenn die Glasdeckel fest aufliegen, hat sich ein ausreichendes Vakuum gebildet. Lagern Sie die Kuchen im Glas an einem kühlen und dunklen Ort. Dann sind sie bis zu 6 Monaten haltbar.

Geeignete Teige

Die Grundlage der meisten Kuchen, die im Glas im Backofen gebacken werden, bildet ein Rührteig. Auch Muffinteig ist gut geeignet. Für herzhafte Varianten kann ein Brotteig verwendet werden. Auf der nächsten Seite finden Sie ein Grundrezept für Rührteig, das Sie nach Belieben mit verschiedenen Zutaten abwandeln können, z. B. mit gehackten Nüssen, Trockenfrüchten, Obststückchen oder geraspelter Schokolade. Auch mit 1–2 EL Likör oder etwas abgeriebener Zitronen- oder Orangenschale können Sie dem Grundrezept eine neue Geschmacksrichtung geben. Diese Zutaten werden erst am Schluss vorsichtig unter den fertigen Rührteig gehoben.

Zum Servieren

Um den Kuchen unbeschadet aus seinem Glas zu lösen, verwenden Sie am besten ein schmales, glattes Messer, mit dem Sie den Kuchen von der Wand des Glases trennen. Dann können Sie ihn auf einen Teller setzen und nach Belieben dekorieren: mit einer Glasur aus Zuckerguss oder Schokolade oder einem Belag aus Frischkäse, Sahne oder frischen Früchten.

Je nach Kuchengröße können Sie ihn auch in Scheiben schneiden und mit Vanillesoße oder Eis auf einem Teller anrichten und servieren.

Grundrezept Rührteig

Zutaten:

Für z. B. 4 × [Glas] à ca. 400 ml

250 g weiche Butter
200 g Zucker
1 Päckchen Vanillezucker
1 Prise Salz
5 Eier
350 g Mehl
1 ½ TL Backpulver
100 ml Milch

Außerdem:
weiche Butter für die Gläser

Zubereitung:

1. Den Backofen auf 180 °C (160 °C Umluft) vorheizen. Die vorbereiteten Gläser mit Butter einpinseln.
2. Die Butter mit dem Zucker, dem Vanillezucker und dem Salz cremig rühren. Die Eier nach und nach zugeben und alles schaumig schlagen.
3. Das Mehl mit dem Backpulver vermischen und abwechselnd mit der Milch unterrühren.
4. Die Gläser jeweils zu ⅔ mit Teig füllen und ohne Deckel im vorgeheizten Backofen ca. 25 Minuten backen (Stäbchenprobe). Aus dem Ofen nehmen und entweder sofort verschließen oder auskühlen lassen.

Ein schnelles, aber wirkungsvolles Geschenk: Eine selbstgemachte Backmischung in einem Einmachglas ist individuell und kreativ. Schreiben Sie den Namen und die Backanleitung auf ein Etikett. Zur einfacheren Handhabung sollten Sie zwischen die einzelnen Schichten Backpapier legen.

Rocky Road
– Zutaten zum Fertigbacken

Zutaten im Glas:

400 g Schokotropfen
150 g bunte, kleine Marshmallows
175 g zerbröselte Butterkekse
150 g grob gehackte Nüsse

Außerdem zum Backen:
4 EL Ahornsirup
150 g Butter

Zubereitung:

1. Die Schokoladentröpfchen mit dem Sirup und der Butter im Wasserbad schmelzen und etwas abkühlen lassen.
2. Eine rechteckige Form (ca. 25 x 25 cm) mit Frischhalte- oder Alufolie auslegen.
3. Die Marshmallows, die Kekse und die Nüsse mit der geschmolzenen Schokolade verrühren und in die Form füllen.
4. Mindestens 3 Stunden kalt stellen. Vor dem Servieren die Folie abziehen, mit Puderzucker bestäuben und in Stücke schneiden.

Marmorküchlein

Zutaten:

Für z. B. 5 × [Glas] à ca. 400 ml

250 g weiche Butter
200 g Zucker
1 EL Vanillezucker
1 Prise Salz
1 Msp. Zitronenabrieb
4 Eier
400 g Mehl
100 g Speisestärke
1 TL Backpulver
ca. 150 ml Milch
2 EL Kakaopulver

Außerdem:
weiche Butter für die Gläser

Zubereitung:

1. Die vorbereiteten Gläser mit Butter einpinseln. Den Backofen auf 180 °C (160 °C Umluft) vorheizen.

2. Die Butter mit dem Zucker cremig rühren. Den Vanillezucker, das Salz und den Zitronenabrieb hinzugeben und die Eier nach und nach unterrühren.

3. Das Mehl mit der Speisestärke und dem Backpulver sieben und abwechselnd mit der Milch unter die Masse rühren, bis der Teig schwer vom Löffel reißt.

4. Die Hälfte des Teigs in die Gläser füllen. Unter die zweite Hälfte das Kakaopulver rühren, dabei falls nötig noch etwas Milch hinzufügen. Den Schokoladenteig auf den hellen Teig geben und eine Gabel spiralförmig durch beide Teigschichten ziehen.

5. Im vorgeheizten Backofen ca. 35 Minuten backen (Stäbchenprobe). Aus dem Ofen nehmen und sofort verschließen oder auskühlen lassen.

Hell-Dunkel-Kuchen

Zutaten:

Für z. B. 5 × [Glas] à ca. 350 ml

5 Eier
1 Prise Salz
175 g Zucker
2 EL Vanillezucker
150 g Mehl
150 g Speisestärke
1 TL Backpulver
250 g Butter
30 g Kakaopulver
2–3 EL Milch

Außerdem:
weiche Butter für die Gläser

Zubereitung:

1. Die vorbereiteten Gläser mit Butter einpinseln. Den Ofen auf 200 °C (180 °C Umluft) vorheizen.

2. Die Eier mit dem Salz, dem Zucker und dem Vanillezucker cremig rühren. Das Mehl mit der Speisestärke und dem Backpulver mischen und esslöffelweise unter die Eiercreme rühren. Die Butter in einem Topf schmelzen lassen und in dünnem Strahl unter den Teig rühren.

3. Die Hälfte des Teigs auf die Gläser verteilen. Unter die übrige Hälfte den Kakao und die Milch rühren und auf dem hellen Teig verteilen.

4. Im Backofen ca. 30 Minuten backen (Stäbchenprobe). Die Kuchen herausnehmen und sofort verschließen oder auskühlen lassen. Nach Belieben mit Puderzucker bestäubt servieren.

Sandkuchen mit Vanille

Zutaten:

Für z. B. 4 × [Glas] à ca. 400 ml

1 Vanilleschote
5 Eier
1 Prise Salz
200 g Zucker
150 g Mehl
150 g Speisestärke
1 TL Backpulver
250 g Butter

Außerdem:
weiche Butter für die Gläser

Zubereitung:

1. Die vorbereiteten Gläser mit Butter einpinseln. Den Backofen auf 180 °C (160 °C Umluft) vorheizen. Die Vanilleschote der Länge nach halbieren und das Mark herauskratzen.
2. Die Eier mit dem Salz, dem Vanillemark und dem Zucker cremig rühren.
3. Das Mehl mit der Speisestärke und dem Backpulver mischen und esslöffelweise unter die Eiermasse rühren. Die Butter in einem Topf schmelzen lassen und in einem dünnen Strahl untermischen.
4. Den Teig in die Gläser füllen und im vorgeheizten Backofen ca. 30 Minuten backen (Stäbchenprobe). Aus dem Ofen nehmen und sofort verschließen oder auskühlen lassen.

Tipp

Dieser Kuchen ist ideal für ein Picknick: Backen Sie ihn statt in 4 großen Gläsern in 8 kleinen Marmeladengläsern mit Schraubverschluss. Das ergibt die perfekte Kuchengröße für einen mobilen Nachtisch!

Marzipankuchen mit Walnüssen

Zutaten:

Für z. B. 8 × [Glas] à ca. 290 ml

1 unbehandelte Orange
150 g weiche Butter
150 g Zucker
1 EL Vanillezucker
1 Prise Salz
125 g Marzipanrohmasse
4 Eier

300 g Mehl
1 TL Backpulver
100 g gehackte Walnusskerne

Außerdem:
weiche Butter für die Gläser

Zubereitung:

1. Die vorbereiteten Gläser mit Butter einpinseln. Den Backofen auf 180 °C (160 °C Umluft) vorheizen. Die Orange heiß abwaschen und abtrocknen. Die Schale abreiben und dann den Saft auspressen.

2. Die Butter mit dem Zucker, dem Vanillezucker und dem Salz cremig rühren. Das Marzipan mit einer Gabel zerdrücken und mit dem Orangensaft und der abgeriebenen Schale glatt rühren. Unter die Buttermasse mischen und nach und nach die Eier unterrühren.

3. Das Mehl mit dem Backpulver mischen, zu der Eier-Butter-Masse geben und alles zu einem glatten Teig verrühren. Die Walnüsse unterziehen und den Teig in die Gläser füllen.

4. Im vorgeheizten Backofen ca. 25 Minuten backen (Stäbchenprobe). Aus dem Ofen nehmen und sofort verschließen oder auskühlen lassen.

Tipp

Wenn Sie die Kuchen nicht verschließen, sondern sofort servieren möchten, können Sie sie mit karamellisierten Walnüssen dekorieren: 100 g Zucker mit 2 EL Wasser in einer Pfanne unter Rühren solange erhitzen, bis ein goldgelber Karamell entsteht. Die Walnusskerne darin wenden, herausnehmen und auf Pergamentpapier abkühlen lassen.

Marzipankuchen mit Walnüssen

Butterkuchen mit Mandeln

Zutaten:

Für z. B. 6 × à ca. 290 ml

3 Eier
60 ml Sonnenblumenöl
65 g weiche Butter
100 g Zucker
1 Päckchen Vanillezucker
100 g Mehl
100 g Speisestärke
½ Päckchen Backpulver
125 g süße Sahne

Für den Belag:
40 g gehobelte Mandeln
ca. 40 g Butter

Außerdem:
weiche Butter für die Gläser

Zubereitung:

1. Die vorbereiteten Gläser mit Butter einpinseln. Den Backofen auf 180 °C (160 °C Umluft) vorheizen.
2. Die Eier trennen.
3. Das Öl und die Butter cremig rühren. Den Zucker und den Vanillezucker hinzufügen. Die Eigelbe nach und nach auf höchster Stufe unterrühren.
4. Das Mehl mit der Speisestärke und dem Backpulver sieben und abwechselnd mit der Sahne unter die Masse rühren.
5. Die Eiweiße in einer absolut fettfreien Schüssel mit dem Rührbesen steif schlagen.
6. Den Eischnee mit einem Teigschaber oder Rührlöffel unterheben.
7. Den Teig in die Gläser füllen. Die Mandeln auf den Teig streuen und die Butter in Flöckchen darauf verteilen. Im vorgeheizten Backofen ca. 25 Minuten backen (Stäbchenprobe). Aus dem Ofen nehmen und sofort verschließen oder auskühlen lassen.

Butterkuchen mit Mandeln

Eierlikörkuchen mit Guss

Zutaten:

Für z. B. 3 × [Glas] à ca. 400 ml

125 ml Sonnenblumenöl
125 g Zucker
3 Eier
65 g Mehl
65 g Speisestärke
½ Päckchen Backpulver
40 ml Eierlikör

Für den Guss:
100 g Puderzucker
2–3 EL Eierlikör

Außerdem:
weiche Butter für die Gläser

Zubereitung:

1. Die vorbereiteten Gläser mit Butter einpinseln. Den Backofen auf 180 °C (160 °C Umluft) vorheizen.
2. Das Öl, den Zucker und die Eier in eine Rührschüssel geben und cremig rühren.
3. Das gesiebte Mehl mit der Speisestärke und dem Backpulver mischen. In die Öl-Eier-Mischung geben und ca. 5 Minuten kräftig durchrühren. Dabei den Eierlikör zugeben.
4. Den Teig in die Gläser füllen und im vorgeheizten Backofen ca. 30 Minuten backen (Stäbchenprobe). Aus dem Ofen nehmen und auskühlen lassen.
5. Für den Guss den Puderzucker mit dem Eierlikör dickflüssig anrühren. Die Kuchen damit überziehen und trocknen lassen.

Tipp

Wenn Sie die Kuchen nicht sofort servieren, sondern verschließen möchten, lassen Sie den Eierlikörguss weg. Sie können diesen zu einem späteren Zeitpunkt kurz vor dem Servieren frisch auftragen.

Zitronenkuchen
mit Mandeln

Zutaten:

Für z. B. 6 × [Glas] à ca. 350 ml

2 unbehandelte Zitronen
300 g weiche Butter
300 g Zucker
4 Eier
200 g Mehl
100 g gemahlene, geschälte Mandeln
1½ TL Backpulver

Außerdem:
weiche Butter für die Gläser

Zubereitung:

1. Den Backofen auf 175 °C (155 °C Umluft) vorheizen. Die vorbereiteten Gläser mit Butter einpinseln.

2. Die Zitronen heiß abwaschen, abtrocknen und die Schale fein abreiben. Den Saft auspressen.

3. Die Butter mit dem Zucker schaumig schlagen. Nacheinander unter Rühren die Eier dazugeben. Die Zitronenschale und den Zitronensaft hinzufügen und alles gut vermischen.

4. Das Mehl mit den Mandeln und dem Backpulver mischen und rasch unterrühren. Den Teig in die Gläser füllen und ca. 30 Minuten backen (Stäbchenprobe). Die Kuchen aus dem Ofen nehmen und sofort verschließen oder abkühlen lassen.

Tipp

Wenn Sie die Kuchen nicht verschließen, sondern sofort servieren möchten, können Sie sie mit frischen oder kandierten Zitronenscheiben dekorativ belegen.

Walnuss-Schokoladenkuchen

Zutaten:

Für z. B. 6 × [Glas] à ca. 290 ml

150 g Mehl
100 g gemahlene Walnüsse
2 TL Backpulver
1 Prise Zimt
2 Eier
150 g Zucker
300 ml Buttermilch
70 ml Rapsöl
100 g Vollmilchschokolade

Zum Garnieren:
60 g Vollmilchschokolade
100 g Walnusshälften
kandierte Himbeeren

Außerdem:
weiche Butter für die Gläser

Zubereitung:

1. Die vorbereiteten Gläser mit Butter einpinseln. Den Backofen auf 200 °C (180 °C Umluft) vorheizen.

2. Das Mehl mit den Nüssen, dem Backpulver und dem Zimt vermischen. In einer weiteren Schüssel die Eier mit dem Zucker, der Buttermilch und dem Öl verrühren. Die Mehlmischung unterrühren und den Teig auf zwei Schüsseln verteilen.

3. Die Schokolade im Wasserbad schmelzen und in einen Teil des Teiges einrühren. Die zwei Teige abwechselnd in die Gläser füllen, sodass ein Marmormuster entsteht.

4. Im Backofen ca. 25 Minuten backen (Stäbchenprobe). Die Kuchen aus dem Ofen nehmen und sofort verschließen oder abkühlen lassen.

5. Vor dem Servieren die Schokolade schmelzen und auf die Kuchen streichen. Mit den Walnüssen und den kandierten Himbeeren garnieren.

Tipp

Wenn Sie keine kandierten Himbeeren bekommen, können Sie ersatzweise auch kandierte oder getrocknete Cranberrys verwenden.

Schoko-Rührkuchen mit Walnüssen

Zutaten:

Für z. B. 5 × [Glas] à ca. 400 ml

250 g weiche Butter
250 g Zucker
2 EL Vanillezucker
4 Eier
200 g Mehl
2 TL Backpulver
50 g gemahlene Walnüsse
4 EL Kakaopulver
2 EL Raspelschokolade

Außerdem:
weiche Butter für die Gläser
Puderzucker zum Bestäuben

Zubereitung:

1. Die vorbereiteten Gläser mit Butter einpinseln. Den Backofen auf 180 °C (160 °C Umluft) vorheizen.

2. Die Butter mit dem Zucker und dem Vanillezucker cremig rühren. Nach und nach die Eier zugeben und schaumig schlagen.

3. Das Mehl mit dem Backpulver, den Walnüssen und dem Kakaopulver mischen und über die Masse streuen. Zusammen mit der Raspelschokolade unter den Teig ziehen.

4. Den Teig in die Gläser füllen und im vorgeheizten Backofen ca. 25 Minuten backen (Stäbchenprobe). Aus dem Ofen nehmen und sofort verschließen oder auskühlen lassen. Vor dem Servieren mit Puderzucker bestäuben.

Nuss-Schoko-Kuchen

Zutaten:

Für z. B. 6 × à ca. 290 ml

100 g Zartbitterkuvertüre
6 Eier
1 EL Zitronensaft
250 g weiche Butter
220 g Zucker
150 g Mehl
100 g gemahlene Walnüsse
100 g gehackte Macadamianüsse

Außerdem:
weiche Butter für die Gläser

Zubereitung:

1. Die vorbereiteten Gläser mit Butter einpinseln. Den Backofen auf 160 °C (140 °C Umluft) vorheizen.

2. Die Kuvertüre hacken und im heißen Wasserbad schmelzen lassen. Die Eier trennen und die Eiweiße mit dem Zitronensaft steif schlagen.

3. Die Butter mit dem Zucker cremig rühren. Nach und nach die Eigelbe zugeben und die abgekühlte Kuvertüre unterziehen.

4. Das Mehl mit den beiden Nusssorten unter die Masse rühren und den Eischnee unterheben.

5. Den Teig in die Gläser füllen und im vorgeheizten Backofen ca. 40 Minuten backen (Stäbchenprobe). Aus dem Ofen nehmen und sofort verschließen oder auskühlen lassen.

Schokoladenküchlein

Zutaten:

Für z. B. 7 × [Glas] à ca. 290 ml

120 g Zartbitterkuvertüre
7 Eier
1 Prise Salz
200 g weiche Butter
200 g Zucker
1 EL Vanillezucker
80 g Semmelbrösel
200 g geriebene Haselnüsse

Außerdem:
weiche Butter für die Gläser
Kakaopulver zum Bestäuben

Zubereitung:

1. Die vorbereiteten Gläser mit Butter einpinseln. Den Backofen auf 160 °C (140 °C Umluft) vorheizen.

2. Die Kuvertüre zerkleinern und im heißen Wasserbad schmelzen. Die Eier trennen und die Eiweiße mit dem Salz zu steifem Eischnee schlagen. Die Butter mit dem Zucker und dem Vanillezucker schaumig schlagen. Unter Rühren nach und nach die Eigelbe hinzufügen. Die Semmelbrösel, die Nüsse und die flüssige Schokolade unterrühren und den Eischnee unterheben.

3. Den Teig in die Gläser füllen und im Backofen ca. 35 Minuten backen (Stäbchenprobe). Die Kuchen aus dem Ofen nehmen und sofort verschließen oder abkühlen lassen. Vor dem Servieren mit Kakao bestäuben.

Mini-Christstollen

Zutaten:

Für z. B. 7 × [Glas] à ca. 290 ml

150 g Rosinen
50 g gehacktes Orangeat
50 g gehacktes Zitronat
3 EL Rum
500 g Mehl
3 TL Backpulver
180 g Zucker
1 EL Vanillezucker
1 Prise Salz
1 Prise gemahlener Zimt
1 Prise gemahlene Gewürznelken
1 Prise gemahlener Sternanis
2 Eier
150 g kalte Butter
250 g Magerquark
80 g gehackte Mandeln

Außerdem:
weiche Butter für die Gläser
Puderzucker zum Bestäuben

Zubereitung:

1. Die vorbereiteten Gläser mit Butter einpinseln. Den Backofen auf 190 °C (170 °C Umluft) vorheizen.

2. Die Rosinen mit dem Orangeat, dem Zitronat und mit dem Rum beträufeln. Das Mehl mit dem Backpulver, dem Zucker, dem Vanillezucker, dem Salz und den Gewürzen auf eine Arbeitsfläche geben. In die Mitte eine Mulde drücken, die Eier hineinschlagen und die Butter in Flöckchen auf dem Muldenrand verteilen. Den Quark dazugeben und alles mit den Händen zu einem glatten Teig verkneten. Die Mandeln und die in Rum eingeweichten Trockenfrüchte unterkneten.

3. Den Teig in 7 gleiche Portionen teilen, zu Kugeln formen und in die Gläser füllen. Im Backofen ca. 30 Minuten backen (Stäbchenprobe). Aus dem Ofen nehmen und sofort verschließen oder auskühlen lassen. Vor dem Servieren mit Puderzucker bestäuben.

Zitronenkuchen mit Guss

Zutaten:

Für z. B. 5 × [Glas] à ca. 400 ml

2 unbehandelte Zitronen
150 g Mehl
150 g Speisestärke
1 TL Backpulver
250 g Butter
5 Eier
225 g Zucker

Für den Guss:
150 g Puderzucker
3–4 EL Zitronensaft

Außerdem:
weiche Butter für die Gläser

Zubereitung:

1. Die vorbereiteten Gläser mit Butter einpinseln. Den Backofen auf 180 °C (160 °C Umluft) vorheizen. Die Zitronen heiß waschen, abtrocknen, die Schale abreiben und den Saft auspressen.

Tipp

Wenn Sie die Kuchen länger aufbewahren möchten, verschließen Sie das Glas sofort nach dem Herausnehmen aus dem Ofen. Sie können die Kuchen dann später direkt vor dem Servieren mit Guss überziehen.

2. Das Mehl mit der Speisestärke und dem Backpulver mischen. Die Butter in einem kleinen Topf schmelzen lassen.
3. Die Eier in eine Rührschüssel aufschlagen und mit dem Handrührgerät schaumig schlagen. Den Zucker, den Zitronensaft und die abgeriebene Zitronenschale untermischen. Abwechselnd die flüssige Butter und die Mehlmischung unter die Eiermasse rühren, bis ein geschmeidiger, glatter Teig entstanden ist.
4. Den Teig in die Gläser füllen und im vorgeheizten Backofen ca. 40 Minuten backen (Stäbchenprobe). Aus dem Ofen nehmen und auskühlen lassen.
5. Für den Guss den Puderzucker mit dem Zitronensaft dickflüssig anrühren. Die aus dem Glas gelösten Kuchen damit überziehen und trocknen lassen.

Möhrenkuchen mit Nüssen

Zutaten:

Für z. B. 6 × [Glas] à ca. 290 ml

250 g Möhren
5 Eier
200 g Zucker
1 Msp. Zitronenabrieb
75 g Mehl
1 TL Backpulver
2 EL Speisestärke
100 g gemahlene Haselnüsse
100 g gemahlene Mandeln

Außerdem:
weiche Butter für die Gläser

Zubereitung:

1. Die vorbereiteten Gläser mit Butter einpinseln. Den Backofen auf 180 °C (160 °C Umluft) vorheizen. Die Möhren waschen, schälen und fein raspeln.

2. Die Eier trennen und die Eigelbe mit dem Zucker und dem Zitronenabrieb schaumig schlagen.

3. Das Mehl mit dem Backpulver und der Speisestärke vermischen und unter die Eiermasse rühren. Die Möhren, die Haselnüsse und die Mandeln untermischen. Die Eiweiße steif schlagen und unterziehen.

4. Den Teig in die Gläser füllen und im vorgeheizten Backofen ca. 25 Minuten backen (Stäbchenprobe). Aus dem Ofen nehmen und sofort verschließen oder auskühlen lassen. Vor dem Servieren nach Belieben mit Zuckerguss und Pistazien garnieren.

Schoko-Vanille-Kuchen

Zutaten:

Für z. B. 6 × [Glas] à ca. 350 ml

1 Vanilleschote
300 g weiche Butter
250 g brauner Zucker
4 Eier
200 g Mehl
2 TL Backpulver
100 g feine Haferflocken
ca. 100 ml Milch
100 g Zartbitterkuvertüre

Außerdem:
weiche Butter für die Gläser

Zubereitung:

1. Die vorbereiteten Gläser mit Butter einpinseln. Den Backofen auf 200 °C (180 °C Umluft) vorheizen. Die Vanilleschote der Länge nach halbieren und das Mark herauskratzen.

2. Die Butter mit dem Zucker und dem Vanillemark cremig rühren. Nach und nach die Eier zugeben und schaumig schlagen.

3. Das Mehl mit dem Backpulver und den Haferflocken vermischen und abwechselnd mit der Milch unter die Eiermasse rühren, bis ein geschmeidiger Teig entstanden ist. Die Kuvertüre klein hacken und ebenfalls unterziehen.

4. Den Teig in die Gläser füllen und im vorgeheizten Backofen ca. 35 Minuten backen (Stäbchenprobe). Aus dem Ofen nehmen und sofort verschließen oder auskühlen lassen.

Englischer Kuchen mit Rosinen

Zutaten:

Für z. B. 6 × à ca. 400 ml

250 g Rosinen
40 ml Rum
½ unbehandelte Zitrone
250 g weiche Butter
250 g Zucker
4 Eier
500 g Mehl

1 Päckchen Backpulver
ca. 125 ml Milch

Außerdem:
weiche Butter für die Gläser
Puderzucker zum Bestäuben

Zubereitung:

1. Die vorbereiteten Gläser mit Butter einpinseln. Den Backofen auf 180 °C (160 °C Umluft) vorheizen.

Tipp

Dieser Rosinenkuchen ist auch bei Kindern sehr beliebt – dann sollten Sie aber unbedingt den Rum weglassen!

2. Die Rosinen in dem Rum einweichen. Die Zitrone heiß waschen, abtrocknen, die Schale abreiben und den Saft auspressen.
3. Die Butter mit dem Zucker cremig rühren. Nach und nach die Eier, den Zitronensaft und die Zitronenschale dazugeben und alles schaumig schlagen.
4. Das Mehl mit dem Backpulver vermischen und abwechselnd mit der Milch unterrühren, bis der Teig schwer vom Löffel reißt. Die eingeweichten Rosinen ausdrücken, leicht mit Mehl bestäuben und unter den Teig heben.
5. Den Teig in die Gläser füllen und im vorgeheizten Backofen 50–60 Minuten backen (Stäbchenprobe). Aus dem Ofen nehmen und sofort verschließen oder auskühlen lassen. Vor dem Servieren mit Puderzucker bestäuben.

Rosinen-Hefekuchen

Zutaten:

Für z. B. 8 × à ca. 350 ml

1 Würfel Frischhefe
ca. 200 ml lauwarme Milch
600 g Mehl
1 Prise Salz
175 g Zucker
200 g Butter
4 Eigelb
150 g Rosinen
1–2 EL Cognac

Außerdem:
1 Eiweiß

Zubereitung:

1. Die Hefe zerbröckeln und in der lauwarmen Milch auflösen. Das Mehl, das Salz und den Zucker einrühren. Die Butter in Stücke schneiden und mit den Eigelben dazugeben. Alles zu einem geschmeidigen Teig verkneten und in eine Schüssel legen. Die Schüssel abdecken und an einem warmen Ort ca. 30 Minuten gehen lassen, bis der Hefeteig das doppelte Volumen hat.

2. Die Rosinen mit dem Cognac beträufeln und ziehen lassen. Die Gläser mit Backpapier auslegen.

3. Die Rosinen unter den Hefeteig kneten und den Teig nochmals ca. 30 Minuten gehen lassen.

4. Den Teig in 8 gleiche Stücke teilen, daraus Kugeln formen und diese in die Gläser füllen. Nochmals ca. 15 Minuten gehen lassen.

5. Den Backofen auf 180 °C (160 °C Umluft) vorheizen. Den Teig mit dem Eiweiß bepinseln und die Kuchen im Backofen ca. 30 Minuten goldbraun backen. Herausnehmen und abkühlen lassen.

Orangenkuchen mit Marzipan

Zutaten:

Für z. B. 4 × [Glas] à ca. 350 ml

3 unbehandelte Orangen
150 g Marzipanrohmasse
150 g weiche Butter
125 g Zucker
2 Eier
250 g Mehl
1 TL Backpulver

Außerdem:
weiche Butter für die Gläser

Zubereitung:

1. Die vorbereiteten Gläser mit Butter einpinseln. Den Backofen auf 200 °C (180 °C Umluft) vorheizen.

2. Die Orangen heiß abwaschen und abtrocknen. Von zwei Orangen die Schale abreiben und den Saft auspressen. Die dritte Orange in sehr dünne Scheiben schneiden und den Rand der Gläser damit auskleiden.

3. Das Marzipan mit einer Gabel zerdrücken und zusammen mit der Butter und dem Zucker cremig rühren. Nach und nach die Eier zugeben. Das Mehl mit dem Backpulver vermischen und mit dem Orangenabrieb und 4–5 EL Orangensaft zügig unterrühren, bis ein cremiger Teig entstanden ist.

4. Den Teig in die Gläser füllen und im vorgeheizten Backofen ca. 30 Minuten backen (Stäbchenprobe). Sollten die Kuchen zu dunkel werden, mit Alufolie abdecken. Aus dem Ofen nehmen und sofort verschließen oder auskühlen lassen.

Apfel-Streusel-
Kuchen mit Sahne

Zutaten:

Für z. B. 4 × à ca. 350 ml

3 säuerliche Äpfel
1 unbehandelte Orange
2 EL Zucker
100 g Zwieback
100 g Vollkornkekse
1 TL gemahlener Zimt
4 EL geschlagene süße Sahne

Zubereitung:

1. Die Äpfel schälen, vierteln, das Kerngehäuse entfernen und die Viertel klein würfeln. Die Orange heiß abwaschen und etwa 1 TL Schale fein abreiben. Den Saft auspressen und zusammen mit dem Zucker, der Orangenschale und den Äpfeln in einen Topf geben. Die Äpfel bei geringer Hitze 3–5 Minuten weich dünsten. Danach etwas abkühlen lassen.

2. Den Zwieback und die Vollkornkekse zerbröseln. Mit dem Zimt vermischen und zusammen mit den Äpfeln abwechselnd in die Gläser schichten. Den übrigen Sud der Äpfel über die letzte Schicht der Brösel träufeln. Je mit 1 EL geschlagener Sahne garniert servieren.

Apfel-Zimt-Kuchen

Zutaten:

Für z. B. 4 × à ca. 400 ml

700 g Äpfel
3–4 EL Zitronensaft
2 Eier
1 Prise Salz
150 g weiche Butter
140 g brauner Zucker
1 EL Vanillezucker
1 TL gemahlener Zimt
100 g Mehl
50 g Speisestärke

Außerdem:
weiche Butter für die Gläser

Zubereitung:

1. Die vorbereiteten Gläser mit Butter einpinseln. Den Backofen auf 200 °C (180 °C Umluft) vorheizen.

2. Die Äpfel schälen, vierteln, das Kerngehäuse entfernen und die Viertel in dünne Spalten schneiden. Mit dem Zitronensaft beträufeln.

3. Die Eier trennen und die Eiweiße mit dem Salz zu steifem Eischnee schlagen. Die Butter mit dem Zucker, dem Vanillezucker und dem Zimt cremig rühren. Die Eigelbe unterrühren. Das Mehl und die Speisestärke sieben und dazugeben. Alles gut verrühren und den Eischnee unterheben.

4. Den Teig abwechselnd mit den Äpfeln in die Gläser schichten. Im Backofen ca. 30 Minuten backen (Stäbchenprobe). Die fertigen Kuchen herausnehmen, noch heiß mit dem Deckel verschließen und auskühlen lassen.

Tipp

Kühl gelagert halten sich die Kuchen ca. 2 Wochen.

Apfelkuchen mit Acai-Beeren

Zutaten:

Für z.B. 6 × à 400 ml

100 g Haferflockenkekse
40 g weiche Butter
1 EL Vanillezucker
500 g Apfelmus
200 g Mascarpone

2 EL Zucker
100 ml süße Sahne
1 TL Sahnesteif

Zum Garnieren:
40 g Walnusskerne
2 EL getrocknete Acai-Beeren
1 Msp. gemahlener Zimt

Zubereitung:

1. Für den Boden die Kekse in einen Gefrierbeutel geben und mit einer Teigrolle fein zerbröseln. Die Butter zerlassen und mit dem Vanillezucker unter die Brösel mischen. Jeweils ¼ davon in jedes Glas füllen und mit einem Stößel gleichmäßig auf den Boden drücken.

2. Das Apfelmus gleichmäßig auf den Keksböden verteilen.

3. Den Mascarpone mit dem Zucker cremig rühren. Die Sahne mit dem Sahnesteif steif schlagen und unterziehen. Die Creme auf das Apfelmus geben.

4. Die Nüsse in einer Pfanne ohne Fett rösten. Anschließend vom Herd nehmen, etwas abkühlen lassen und grob hacken. Mit den Beeren und dem Zimt vermischen und auf die Apfelkuchen streuen. Gut verschließen und bis zum Servieren oder Verschenken kalt stellen.

1.

2.

3.

Tipp

Acai-Beeren sind die Früchte einer südamerikanischen Palmenart. Aufgrund ihres hohen Gehalts an Antioxidantien und Vitaminen gelten sie als sehr gesund.

Apfeltörtchen mit Mandeln

Zutaten:

Für z. B. 5 × [Glas] à ca. 400 ml

4 säuerliche Äpfel
2 EL Zitronensaft
200 g weiche Butter
1 Prise Salz
200 g Zucker
4 Eier
150 g saure Sahne
400 g Mehl
1 TL Backpulver
50 g gemahlene Mandeln

Außerdem:
weiche Butter für die Gläser
Puderzucker zum Bestäuben

Zubereitung:

1. Die vorbereiteten Gläser mit Butter einpinseln. Den Backofen auf 180 °C (160 °C Umluft) vorheizen.

2. Die Äpfel schälen, vierteln, das Kerngehäuse herausschneiden und die Viertel in dünne Scheiben schneiden. Mit dem Zitronensaft vermischen.

3. Die Butter mit dem Salz cremig rühren. Abwechselnd den Zucker und die Eier unterrühren, dann die saure Sahne untermischen.

4. Das Mehl mit dem Backpulver und den Mandeln vermischen und zügig unterrühren, bis ein geschmeidiger Teig entsteht. Die Apfelscheiben unterheben.

5. Den Teig in die Gläser füllen und im vorgeheizten Backofen ca. 35 Minuten backen (Stäbchenprobe). Aus dem Ofen nehmen und sofort verschließen oder auskühlen lassen. Vor dem Servieren mit Puderzucker bestäuben.

Johannisbeerkuchen

Zutaten:

Für z. B. 6 × [Glas] à ca. 290 ml

200 g Johannisbeeren
2 EL Rosinen
1 EL Rum
5 Eier
1 Prise Salz
120 g Zucker
100 g Mehl
2 EL Speisestärke
50 g gemahlene Mandeln
2 EL Mandelblättchen

Außerdem:
weiche Butter für die Gläser

Zubereitung:

1. Die vorbereiteten Gläser mit Butter einpinseln. Den Backofen auf 200 °C (180 °C Umluft) vorheizen.

2. Die Johannisbeeren abbrausen, trocken tupfen und die Beeren von den Rispen streifen. Die Rosinen in dem Rum einweichen.

3. Die Eier trennen und die Eiweiße mit dem Salz steif schlagen. Die Eigelbe mit dem Zucker cremig rühren.

4. Das Mehl mit der Speisestärke und den Mandeln vermischen und abwechselnd mit der Eigelbcreme unter den Eischnee ziehen. Zum Schluss die Mandelblättchen, die Johannisbeeren und die Rosinen unterheben.

5. Den Teig in die Gläser füllen und im vorgeheizten Backofen ca. 25 Minuten backen (Stäbchenprobe). Aus dem Ofen nehmen und sofort verschließen oder auskühlen lassen.

Kuchen mit frischen Aprikosen

Zutaten:

Für z. B. 4 × à ca. 290 ml

8–10 Aprikosen
½ Vanilleschote
100 g weiche Butter
100 g Zucker
2 Eier
1 Prise Salz
1 TL Orangenabrieb

200 g Mehl
1½ TL Backpulver
ca. 70 ml Orangensaft

Außerdem:
weiche Butter für die Gläser
Puderzucker zum Bestäuben

Zubereitung:

1. Die vorbereiteten Gläser mit Butter einpinseln. Den Backofen auf 200 °C (180 °C Umluft) vorheizen.

2. Die Aprikosen waschen, halbieren, entsteinen und in kleine Würfel schneiden. Die Vanilleschote der Länge nach halbieren und das Mark herauskratzen.

3. Die Butter mit dem Zucker cremig rühren und die Eier mit dem Salz und dem Orangenabrieb nach und nach unterrühren.

4. Das Mehl mit dem Backpulver und dem Vanillemark vermischen und mit dem Orangensaft unter die Butter-Eier-Mischung rühren. Die Aprikosenstücke mit etwas Mehl bestäuben, abklopfen und unter den Teig mischen.

5. Den Teig in die Gläser füllen und im vorgeheizten Backofen ca. 30 Minuten backen (Stäbchenprobe). Aus dem Ofen nehmen und sofort verschließen oder auskühlen lassen. Mit Puderzucker bestäubt servieren.

Ananas-Käse-Kuchen

Zutaten:

Für z. B. 4 × [Glas] à ca. 350 ml

300 g Ananas (Dose)
100 ml süße Sahne
300 g Quark (20 %)
80 g Zucker
1 TL Vanillezucker
150 g Amarettini

Zubereitung:

1. Die Ananas abtropfen lassen und 4–5 EL der Flüssigkeit aufbewahren. Die Ananas klein würfeln.

2. Die Sahne steif schlagen. Den Quark, den Zucker, den Vanillezucker und den Ananasssaft in einer großen Schüssel vermischen und glatt rühren. Die Sahne und die Ananasstückchen mit einem Teigschaber unterheben.

3. Die Amarettini in einen Gefrierbeutel geben und mit dem Nudelholz fein zerbröseln. Den Ananas-Quark und die Keksbrösel abwechselnd in kleine Gläser schichten, dabei mit Bröseln abschließen. Vor dem Verzehr mindestens 1 Stunde kalt stellen.

Johannisbeertörtchen

Zutaten:

Für z. B. 6 × [Glas] à ca. 290 ml

Für den Boden:
200 g Butterkekse
100 g Butter

Für die Käsecreme:
4 Blatt weiße Gelatine
150 g Kokosjoghurt
200 g Frischkäse
1 EL Zitronensaft
2 EL Vanillezucker
2 EL Zucker
100 ml süße Sahne

Für die Fruchtsoße:
300 g Johannisbeeren
1–2 EL Zucker
100 ml roter Fruchtsaft, z. B. Kirsche
1 TL Speisestärke
2 TL Himbeergeist

Außerdem:
Puderzucker zum Bestäuben

Zubereitung:

1. Für den Boden die Kekse zerbröseln. Die Butter schmelzen und mit den Keksbröseln vermengen.
2. Die Masse auf 6 Gläser verteilen und mit einem Löffel gut festdrücken. Die Gläser im Kühlschrank kühlen.
3. Für die Käsecreme die Gelatine in kaltem Wasser einweichen. Den Joghurt mit dem Frischkäse, dem Zitronensaft, dem Vanillezucker und dem Zucker verrühren. Die Gelatine gut ausdrücken und in einem Topf erhitzen. 2 EL der Käsecreme einrühren. Die Mischung zurück zur übrigen Creme geben und alles gut verrühren. Die Sahne steif schlagen und unterheben.
4. Die Käsecreme in die Gläser füllen und mindestens 3 Stunden im Kühlschrank kühlen.
5. Für die Fruchtsoße die Beeren verlesen und von den Stielansätzen befreien, dann abbrausen und abtropfen lassen. Mit dem Zucker und dem Saft in einen Topf geben und aufkochen lassen. Die Stärke mit dem Himbeergeist glatt rühren, zu den Beeren geben und 1–2 Minuten köcheln lassen. Dann vom Herd nehmen und abkühlen lassen.
6. Die Törtchen jeweils mit etwas Johannisbeersoße beträufeln, mit Puderzucker bestäuben und dann servieren.

Mini-Käsekuchen mit Aprikosen

Zutaten:

Für z. B. 4 × [Glas] à ca. 350 ml

80 g Vollkornbutterkekse
400 g Ricotta
1 TL Orangenabrieb
3 EL Zucker
250 g Vanillejoghurt
2 reife Aprikosen
2 TL Marillenlikör

Zubereitung:

1. Die Kekse in einen Gefrierbeutel geben und mit dem Nudelholz fein zerbröseln. Auf den Boden von 4 Gläsern verteilen. Den Ricotta mit der Orangenschale und 2 EL Zucker cremig rühren. Den Vanillejoghurt unterziehen und die Mischung auf den Keksboden verteilen. Im Kühlschrank mindestens 2 Stunden ziehen lassen.

2. Die Aprikosen waschen, halbieren und die Steine entfernen. Den übrigen Zucker mit 2 EL Wasser und dem Likör in einer Pfanne erhitzen. Die Aprikosen dazugeben und ca. 5 Minuten bei geringer Hitzezufuhr weich dünsten. Vom Herd nehmen und abkühlen lassen. Auf jedes Glas eine Fruchthälfte setzen und servieren.

Orangen-Käse-Kuchen

Zutaten:

Für z. B. 4 × à ca. 290 ml

1 Orange
2 EL Honig
125 g Orangenkonfitüre
8 Cantuccini
150 g Sahnequark
80 g Joghurt
2 EL Zucker

Zubereitung:

1. Die Orange rundherum mit einem Messer schälen, dabei die weiße Haut sorgfältig entfernen. Die Filets zwischen den Häuten herausschneiden und klein würfeln. Den dabei entstehenden Saft auffangen und zusammen mit dem Honig in einem Topf leicht erwärmen, bis sich dieser gelöst hat. Die Konfitüre und die Orangenfiletstücke dazugeben, alles verrühren und abkühlen lassen.

2. Die Cantuccini in einen Gefrierbeutel geben und mit einem Nudelholz grob zerkleinern.

3. Den Quark mit dem Joghurt und dem Zucker glatt rühren. Die Brösel, den Quark und die Orangenmischung abwechselnd in die Gläser schichten. Die Gläser verschließen und nach Belieben servieren, z. B. zum Picknick.

Käse-Kürbis-Kuchen

Zutaten:

Für z. B. 8 × [Glas] à ca. 290 ml

Für die Käsecreme:
300 g Kürbisfruchtfleisch (z. B. Butternuss- oder Muskatkürbis)
4 Eier
180 g Zucker
2 EL Vanillezucker
2 EL Speisestärke
1 TL Lebkuchengewürz
800 g Ricotta
125 g saure Sahne

Für den Boden:
150 g Spekulatius
60 g Butter

Zubereitung:

1. Den Backofen auf 180 °C (160 °C Umluft) vorheizen. Ein Backblech mit Backpapier auslegen.

2. Für die Käsecreme das Kürbisfruchtfleisch in ca. 4 cm große Würfel schneiden, auf dem Blech verteilen und ca. 30 Minuten im Backofen garen.

3. Für den Boden die Spekulatius in einen Gefrierbeutel geben und mit einem Nudelholz zerbröseln. Die Butter schmelzen und mit den Bröseln vermengen. Auf die Gläser verteilen und mit einem Löffel festdrücken. Die Gläser kalt stellen.

4. Den Kürbis etwas abkühlen lassen und pürieren. Die Eier mit dem Zucker, dem Vanillezucker, der Speisestärke und dem Lebkuchengewürz glatt rühren. Den Ricotta und die saure Sahne unterrühren und das Kürbisfruchtfleisch unterziehen.

5. Die Creme in die Gläser füllen und im Backofen bei 180 °C (160 °C Umluft) ca. 30 Minuten backen. Auskühlen lassen und nach Belieben mit Baiser garniert servieren.

Himbeer-Käse-Kuchen

Zubereitung:

1. Die Einmachgläser gründlich reinigen und trocknen.

2. Für den Boden die Kekse in einen Gefrierbeutel geben und mit einer Teigrolle zerkleinern. Die Butter schmelzen und mit den Keksbröseln mischen. Die Keksmasse in die Gläser füllen und fest drücken. 1–2 Stunden im Kühlschrank kühlen.

3. Für die Käsemasse die Gelatine in kaltem Wasser einweichen. Den Frischkäse mit dem Quark, dem Orangensaft und dem Zucker verrühren. Die Gelatine tropfnass in einen Topf geben und bei geringer Hitze schmelzen. Mit 2 EL der Frischkäsemasse vermischen und unter die restliche Masse rühren. Die Sahne steif schlagen und unterheben. Anschließend die Masse auf die Keksböden in den Gläsern verteilen und für ca. 2 Stunden in den Kühlschrank stellen.

4. In der Zwischenzeit die Himbeeren verlesen und die Hälfte beiseitestellen. Eine Hälfte mit dem Zucker und dem Zitronensaft mischen. 1 Stunde ziehen lassen.

5. Die gezuckerten Himbeeren in einem Topf zum Kochen bringen und 4 Minuten bei mittlerer Hitze köcheln lassen. Vom Herd nehmen und abkühlen lassen. Das Kompott pürieren und durch ein Sieb streichen. Zum Schluss das Kompott in die Gläser füllen und mit den frischen Himbeeren garnieren.

Zutaten:

Für z. B. 8 × [Glas] à ca. 290 ml

Für den Boden:
300 g Butterkekse
150 g Butter

Für die Käsemasse:
4 Blatt weiße Gelatine
120 g Frischkäse
200 g Magerquark
3 EL Orangensaft
3–4 EL Zucker
100 ml süße Sahne

Für das Kompott:
600 g frische Himbeeren
4 EL Zucker
1 EL Zitronensaft

Käsekuchen mit Kiwi und Pistazie

Zutaten:

Für z. B. 4 × [Glas] à ca. 400 ml

Für den Biskuit:
3 Eier
80 g Zucker
1 Prise Salz
60 g Mehl
20 g Speisestärke

Für die Käsecreme:
2 Blatt weiße Gelatine
150 g Magerquark
150 g Frischkäse
1 EL Zitronensaft
1 EL Vanillezucker
2 EL Zucker
100 ml süße Sahne

Für den Belag:
2 Kiwis
1 TL Honig
2 TL Limettensaft
2 EL geschälte Pistazienkerne

Zubereitung:

1. Den Backofen auf 180 °C Umluft vorheizen.

2. Für den Biskuit die Eier trennen und die Eigelbe mit der Hälfte des Zuckers schaumig schlagen. Die Eiweiße mit dem Salz steif schlagen, den restlichen Zucker einrieseln lassen und weiterschlagen, bis die Masse glänzt und Spitzen zieht. Den Eischnee auf die Eischaummasse setzen und vorsichtig unterheben. Das Mehl mit der Stärke mischen, darübersieben und alles nach und nach unterziehen.

3. Den Teig in eine mit Backpapier ausgelegte Springform (Ø 20 cm) füllen, glatt streichen und im Backofen ca. 35 Minuten backen (Stäbchenprobe).

4. Den fertig gebackenen Biskuit aus dem Ofen nehmen, etwas abkühlen lassen, aus der Form lösen und auf einem Kuchengitter vollständig erkalten lassen.

5. In der Zwischenzeit die Gelatine in kaltem Wasser einweichen. Den Quark mit dem Frischkäse, dem Zitronensaft, dem Vanillezucker und dem Zucker verrühren. Die Gelatine gut ausdrücken und in einem Topf erwärmen, nicht kochen. 2 EL von der Quarkmasse einrühren und die Mischung mit dem restlichen Quark verrühren. Die Sahne steif schlagen und unterheben.

6. Aus dem Biskuit 4 Kreise ausstechen oder ausschneiden und in die Gläser legen. Die Quarkmasse daraufgeben und die Gläser für 2 Stunden in den Kühlschrank stellen.

7. Zwischenzeitlich die Kiwis schälen, längs halbieren, in schmale Scheiben schneiden und mit dem Honig und dem Limettensaft mischen. Die Pistazien grob hacken. Die Kiwis auf den Käsekuchen verteilen und mit den Pistazien bestreut servieren.

Käsekuchen mit Kiwi und Pistazie

Kleiner Käsekuchen mit Heidelbeeren

Zutaten:

Für z. B. 4 × [Glas] à ca. 290 ml

8 Löffelbiskuits
Saft von ½ Zitrone
4 EL Heidelbeeren
1 EL Vanillezucker
2 Blatt weiße Gelatine

250 g Frischkäse
80 g Magerquark
4 EL Zucker
80 ml süße Sahne
2 EL gehackte Pistazien

Zubereitung:

1. Die Löffelbiskuits in einen Gefrierbeutel geben und mit einem Nudelholz fein zerbröseln. Die Brösel in die Gläser füllen und mit dem Zitronensaft beträufeln.

2. Die Heidelbeeren waschen, verlesen, putzen und gut abtropfen lassen. Mit dem Vanillezucker mischen und 20 Minuten ziehen lassen.

3. Die Gelatine in kaltem Wasser einweichen. Den Frischkäse mit dem Quark und dem Zucker verrühren. Die Gelatine ausdrücken und in einem Topf bei kleiner Hitze auflösen. 2 EL von der Käsecreme einrühren und das Gemisch zurück zu der restlichen Käsecreme geben. Alles gut verrühren.

4. Die Sahne steif schlagen und unterheben. Die Heidelbeeren untermischen und die Masse auf die Brösel geben. Mit den gehackten Pistazien bestreuen und für mindestens 2 Stunden in den Kühlschrank stellen. Nach Belieben mit einem Keks garniert servieren.

Heidelbeerkuchen mit Joghurt

Zutaten:

Für z. B. 6 × [Glas] à ca. 350 ml

175 g weiche Butter
150 g Rohrzucker
2 EL Vanillezucker
3 Eier
50 g zarte Haferflocken
200 g Naturjoghurt
150 g Mehl
100 g Weizenvollkornmehl
2 TL Backpulver
50 g gemahlene Haselnüsse
1 Prise Salz
150 g tiefgekühlte Heidelbeeren
2 TL Speisestärke

Außerdem:
weiche Butter für die Gläser

Zubereitung:

1. Die vorbereiteten Gläser mit Butter einpinseln. Den Backofen auf 200 °C (180 °C Umluft) vorheizen.

2. Die Butter mit dem Zucker und dem Vanillezucker cremig rühren. Nach und nach die Eier zugeben und schaumig schlagen. Die Haferflocken und den Joghurt unterrühren.

3. Das Mehl mit dem Vollkornmehl, dem Backpulver, den Haselnüssen und dem Salz vermischen und portionsweise unterrühren.

4. Die Heidelbeeren mit der Stärke bestreuen, locker vermengen und zügig unter den Teig heben.

5. Den Teig in die Gläser füllen und im vorgeheizten Backofen ca. 45 Minuten backen (Stäbchenprobe). Aus dem Ofen nehmen und sofort verschließen oder auskühlen lassen.

Bananen-Käse-Kuchen

Zutaten:

Für z. B. 4 × [Glas] à ca. 290 ml

Für den Boden:
ca. 75 g Schokoladenkekse
40 ml Orangenlikör

Für die Käsemasse:
4 Blatt weiße Gelatine
120 g Frischkäse
200 g Quark
3 EL Orangensaft
3–4 EL Zucker
100 ml süße Sahne

Für die Bananenschicht:
1 Blatt weiße Gelatine
100 ml Apfelsaft
1 EL Zitronensaft
½ Banane

Außerdem:
unbehandelte Orangenzesten zum Garnieren

Zubereitung:

1. Die Kekse in einen Gefrierbeutel geben und mit einem Nudelholz grob zerbröseln. Auf die Gläser verteilen und mit dem Likör beträufeln.

2. Für die Käsemasse die Gelatine in kaltem Wasser einweichen. Den Frischkäse mit dem Quark, dem Orangensaft und dem Zucker verrühren. Die Gelatine tropfnass in einem Topf bei kleiner Hitze schmelzen lassen, mit 2 EL von der Frischkäsemasse verrühren und unter die rechtliche Masse mengen.

3. Die Sahne steif schlagen und unterziehen. In die Gläser füllen und für ca. 2 Stunden in den Kühlschrank stellen.

4. Für die Bananenschicht die Gelatine in kaltem Wasser einweichen. Den Apfel- und Zitronensaft in einem Topf erwärmen, die Gelatine gut ausdrücken und in dem warmen Saft auflösen, nicht kochen lassen. Die Banane schälen, klein würfeln und untermischen.

5. Abkühlen lassen und bevor die Masse geliert, auf der Käsecreme verteilen. Mit den Orangenzesten bestreuen und vor dem Servieren für mindestens 2 weitere Stunden in den Kühlschrank stellen.

Tipp

Wenn Sie die Schokoladenkeksbrösel mit Orangensaft statt mit Likör beträufeln, ist der Bananen-Käse-Kuchen auch für Kinder ein Leckerbissen.

Zwetschgenkuchen mit kandiertem Ingwer

Zutaten:

Für z. B. 4 × à ca. 290 ml

6 Zwetschgen
30 g kandierter Ingwer
100 g Butter
100 g Zucker
2 Eier
1 Prise Salz
½ TL Zitronenabrieb
200 g Mehl
1 ½ TL Backpulver
1 Msp. gemahlener Zimt
ca. 60 ml Orangensaft
Mehl zum Bestreuen

Außerdem:
weiche Butter für die Gläser
Mandelblättchen zum Bestreuen
Puderzucker zum Bestäuben

Zubereitung:

1. Die vorbereiteten Gläser mit Butter einpinseln. Den Backofen auf 180 °C (160 °C Umluft) vorheizen.
2. Die Zwetschgen waschen, halbieren, entsteinen und in Spalten schneiden. Den Ingwer fein hacken.
3. Die Butter mit dem Zucker schaumig schlagen. Nach und nach die Eier hinzufügen und das Salz sowie die Zitronenschale einrühren. Das Mehl mit dem Backpulver und dem Zimt vermischen, zusammen mit dem Orangensaft unter die Buttermasse rühren.
4. Die Pflaumenspalten mit etwas Mehl bestäuben und zusammen mit dem Ingwer unter den Teig heben.
5. Den Teig in die Gläser füllen und im Backofen 25 Minuten backen (Stäbchenprobe). Die fertig gebackenen Kuchen aus dem Ofen nehmen, abkühlen lassen und mit Puderzucker bestäubt servieren.

Tipp

Falls Sie die Gläser nach dem Backen verschließen möchten, sollten sie nur zu ⅔ befüllt werden.

Schottischer Früchtekuchen

Zutaten:

Für z. B. 5 × à ca. 350 ml

60 g Rosinen
3 EL Rum
40 ganze Mandeln
200 g Butter
4 Eier
200 g brauner Zucker
300 g Mehl
2 TL Backpulver
1 Prise Salz
1 unbehandelte Orange
50 g geschälte, gemahlene Mandeln
¼ TL gemahlener Kardamom
¼ TL gemahlener Ingwer
1 Msp. gemahlener Zimt

Außerdem:
weiche Butter für die Gläser

Zubereitung:

1. Die vorbereiteten Gläser mit Butter einpinseln. Den Backofen auf 200 °C (180 °C Umluft) vorheizen.
2. Die Rosinen mit dem Rum beträufeln. Die Mandeln mit kochendem Wasser übergießen, abschrecken und die Schale abziehen. Die Butter schmelzen und abkühlen lassen.
3. Die Eier und den Zucker schaumig rühren und die geschmolzene Butter dazugeben. Das Mehl mit dem Backpulver und dem Salz vermischen, unterrühren und alles zu einem glatten Teig verarbeiten.
4. Die Schale der Orange abreiben. Die Rosinen, die gemahlenen Mandeln, die Orangenschale, den Kardamom, den Ingwer und den Zimt zum Teig geben und alles gut verrühren.
5. Den Teig in die Gläser füllen und mit den Mandeln belegen. Im Backofen ca. 30 Minuten backen (Stäbchenprobe), dann herausnehmen und abkühlen lassen.

Tipp

Wenn Sie die Gläser verschließen möchten, sollten sie nur zur Hälfte mit Teig befüllt werden. Dann benötigen Sie die doppelte Menge an Gläsern. Zur längeren Aufbewahrung müssen die Gläser sofort nach dem Backen verschlossen werden.

Bienenstich mit Mandelkrokantplättchen

Zutaten:

Für z. B. 8 × [Glas] à ca. 290 ml

Für den Hefeteig:
½ Würfel Frischhefe
50 ml lauwarme Milch
300 g Mehl
60 g Zucker
2 Eier
2 Eigelb
50 g weiche Butter
1 Prise Salz

Für die Vanillecreme:
1 Päckchen Vanillepuddingpulver
500 ml Milch
4 EL Zucker
1 Vanilleschote
150 ml süße Sahne

Für den Mandelkrokant:
1 unbehandelte Orange
130 g Zucker
1–2 Tropfen Mandelaroma
60 g Butter
50 g Mehl
70 g gehackte Mandeln

Außerdem:
Butter zum Einfetten des Backblechs und für die Gläser
Mehl für die Arbeitsfläche
5–7 EL Mandellikör zum Beträufeln

Zubereitung:

1. Die Hefe in die lauwarme Milch bröckeln und darin auflösen. 5 EL Mehl und die Hälfte des Zuckers zufügen und zu einem Vorteig verrühren. An einem warmen Ort etwa 30 Minuten gehen lassen.

2. Den Vorteig mit dem übrigen Mehl und Zucker sowie den Eiern, den Eigelben, der Butter und dem Salz zu einem geschmeidigen Teig verkneten. Diesen weitere 30 Minuten bis etwa zur doppelten Größe aufgehen lassen.

3. Für die Vanillecreme den Vanillepudding nach Packungsangabe mit der Milch, dem Zucker und dem ausgekratzten Vanillemark zubereiten. Die Vanilleschote dabei in der Milch mitkochen und anschließend entfernen. Den Topf vom Herd nehmen und unter gelegentlichem Umrühren vollständig abkühlen lassen. Die Sahne steif schlagen und unterheben.

4. Den Backofen auf 180 °C (160 °C Umluft) vorheizen. Ein Backblech mit Butter einfetten oder mit Backpapier auslegen. Den Hefeteig auf einer bemehlten Arbeitsfläche etwa 2 cm dick ausrollen, auf das Backblech legen und im Backofen ca. 30 Minuten backen. Anschließend auf ein Kuchengitter stürzen und abkühlen lassen.

5. Für den Mandelkrokant die Orange heiß abwaschen, abtrocknen, etwas von der Schale abreiben und anschließend auspressen. Den Saft, ½ TL Orangenschale, den Zucker, das Aroma und die Butter in einem Topf köcheln lassen, bis eine sirupartige Konsistenz entstanden ist. Das Mehl und die gehackten Mandeln unterrühren und abkühlen lassen. Dann aus der Masse kleine Kügelchen drehen und platt drücken. Auf ein mit Backpapier belegtes Backblech legen und im Backofen bei 180 °C goldbraun backen. Herausnehmen und abkühlen lassen.

6. Aus dem Teigboden Kreise in Größe der Gläser ausstechen oder ausschneiden. Mit etwas Likör beträufeln und abwechselnd mit der Vanillecreme in Gläser schichten. Mit Mandelkrokantplättchen verziert servieren.

Bienenstich mit Mandelkrokantplättchen

Zwetschgendatschi

Zutaten:

Für z. B. 6 × à ca. 290 ml

Für den Hefeteig:
10 g Frischhefe
2–3 EL lauwarme Milch
150 g Mehl
2 EL Zucker
1 Prise Salz
1 Ei
1 Eigelb
2 EL weiche Butter

Für die Streusel:
75 g Mehl
30 g Zucker
30 g kalte Butter
½ Blatt Strudelteig (Kühlregal)
2 EL flüssige Butter

Für die Zwetschgen:
250 g Zwetschgen
2 EL Butter
2–3 EL Zucker
1–2 EL Zwetschgenlikör
100 ml süße Sahne

Außerdem:
Butter für das Backblech
Puderzucker zum Bestäuben

Zubereitung:

1. Die Hefe mit der lauwarmen Milch verrühren. 3–4 EL Mehl sowie 1 EL Zucker dazugeben und verrühren. Zugedeckt ca. 15 Minuten an einem warmen Ort ruhen lassen. Dann das übrige Mehl, den restlichen Zucker, das Salz, das Ei, das Eigelb und die Butter dazugeben. Alles zu einem geschmeidigen, glatten Teig verkneten und nochmals ca. 30 Minuten ruhen lassen.

2. Den Backofen auf 180 °C (160 °C Umluft) vorheizen. Währenddessen die Streusel herstellen. Dafür das Mehl mit dem Zucker sowie der Butter verkneten und zwischen den Händen zu kleinen Krümeln reiben.

3. Ein Backblech mit Backpapier auslegen. Den Strudelteig ausrollen und darauflegen. Mit der flüssigen Butter bestreichen und die Streusel daraufgeben. Im Backofen ca. 10 Minuten goldbraun und knusprig backen. Herausnehmen und abkühlen lassen. In Stücke brechen und mit Puderzucker bestäuben.

4. Den Hefeteig auf einer bemehlten Arbeitsfläche ca. 2 cm dick ausrollen. Ein Backblech mit Butter einfetten und den Teig darauflegen. Im Backofen ca. 25 Minuten backen, danach auf einem Kuchengitter auskühlen lassen. Das erkaltete Gebäck klein würfeln.

5. Die Zwetschgen waschen und entsteinen. In einer Pfanne die Butter erhitzen und die Zwetschgen kurz darin anbraten, mit dem Zucker bestreuen und etwas karamellisieren lassen. Mit dem Likör ablöschen und die Pfanne vom Herd nehmen.

6. Die Kuchenwürfel in die Gläser geben und die Zwetschgen darauf verteilen. Die Sahne halb steif schlagen und je 1–2 EL auf die Zwetschgen geben. Jeweils mit einem Streuselkeks servieren.

Sachertorte mit Aprikosenkompott

Zutaten:

Für z. B. 6 × à ca. 290 ml

150 g Zartbitterschokolade
1 Vanilleschote
4 Eier
100 g weiche Butter
1 Prise Salz
100 g Zucker
100 g Mehl
50 g gemahlene Mandeln
500 g reife Aprikosen
150 g Gelierzucker 1:2
Saft von 1 Orange
Saft von 1 Zitrone
50 ml Rum
3 EL Puderzucker
80 ml süße Sahne

Zubereitung:

1. Den Backofen auf 180 °C (160 °C Umluft) vorheizen. Ein tiefes Backblech mit Backpapier auslegen.
2. Die Schokolade grob hacken und im heißen Wasserbad schmelzen. Die Vanilleschote der Länge nach aufschlitzen und das Mark herauskratzen. Die Eier trennen. Die Butter mit dem Vanillemark cremig schlagen, dann nach und nach die Eigelbe unterrühren. Die geschmolzene Schokolade unterziehen. Die Eiweiße mit dem Salz steif schlagen und langsam den Zucker einrieseln lassen. Das Mehl mit den gemahlenen Mandeln vermischen und abwechselnd mit dem Eiweiß unter die Masse heben. Anschließend auf das Backblech geben, glatt streichen und im Backofen ca. 25 Minuten backen (Stäbchenprobe).
3. Auf ein Kuchengitter stürzen und abkühlen lassen. In der Zwischenzeit die Aprikosen waschen, halbieren, entkernen und in kleine Würfel schneiden. Zusammen mit dem Gelierzucker sowie den Zitrussäften in einem Topf etwa 5 Minuten köcheln lassen. Dabei ab und zu umrühren. Vom Herd nehmen und abkühlen lassen.
4. Den Rum mit 1–2 EL Wasser und dem Puderzucker verrühren. Den gebackenen Teig in Größe der Gläser ausstechen und mit der Rummischung tränken. Abwechselnd mit den Aprikosen in die Gläser schichten. Die Sahne steif schlagen und jeweils auf die kleinen Törtchen setzen.

Käsesahnetorte mit Erdbeeren

Zutaten:

Für z. B. 4 × à 290 ml

Für die Creme:
1 Blatt Gelatine
150 g Magerquark
Saft von 1 Limette
Mark von ½ Vanilleschote
50 g Zucker
75 ml süße Sahne

Für die Biskuits:
2 Eier
1 Prise Salz
40 g Zucker
1 EL Vanillezucker
40 g Mehl
20 g Speisestärke
4 EL Orangenlikör

Für den Fruchtbelag:
250 g Erdbeeren
2 EL Puderzucker

Zubereitung:

1. Für die Creme die Gelatine in kaltem Wasser einweichen. Den Quark mit dem Limettensaft, dem Vanillemark und dem Zucker verrühren. Die Sahne steif schlagen. Die Gelatine gut ausdrücken und in einem kleinen Topf bei geringer Hitze schmelzen. 1–2 EL der Quarkcreme einrühren, dann die Gelatine gründlich unter den Quark mengen. Die Sahne unterheben und die Masse in eine flache Schale füllen. Im Kühlschrank mindestens 2 Stunden kalt stellen.

2. Den Backofen auf 180 °C (160 °C Umluft) vorheizen. Ein Backblech mit Backpapier auslegen.

3. Für die Biskuits die Eier trennen und die Eiweiße mit dem Salz zu steifem Eischnee schlagen. Die Eigelbe mit dem Zucker und dem Vanillezucker cremig rühren. Den Eischnee daraufsetzen und das Mehl mit der Stärke darübersieben. Alles vorsichtig unterheben und zu einem lockeren Teig verarbeiten. Den Teig in einen Spritzbeutel mit runder Tülle füllen und mit etwas Abstand Tupfen mit einem Durchmesser von 4 cm auf das Backblech spritzen. Im Backofen 8–10 Minuten hellgelb backen. Die Biskuits herausnehmen und abkühlen lassen.

4. Die Erdbeeren abbrausen, gut trocken tupfen, putzen und klein schneiden. Mit dem Puderzucker vermischen und etwas ziehen lassen.

5. Je zwei Biskuits auf die Gläser verteilen und mit dem Likör beträufeln. Aus der Käse-Sahne-Masse Kreise in Größe der Gläser ausstechen und hineingeben. Die Erdbeeren darauf verteilen und servieren.

Schwarzwälder Kirschtorte

Zutaten:

Für z. B. 4 × [Glas] à ca. 400 ml

Für den Biskuit:
150 g Vollmilchschokolade
150 g Butter
3 Eier
1 Prise Salz
150 g Zucker
50 g Mehl
2 EL Kakaopulver

Für das Kirschkompott:
500 g Kirschen
50 g Zucker
100 ml trockener Rotwein
250 ml Kirschsaft
Mark von 1 Vanilleschote
1 Zimtstange
1 TL Zitronenabrieb
1 EL Speisestärke
1–2 EL Kirschwasser

Für die Creme:
250 g süße Sahne
50 g Zucker
100 g Crème fraîche

Zubereitung:

1. Den Backofen auf 180 °C (160 °C Umluft) vorheizen. 100 g Schokolade grob hacken und mit der Butter im heißen Wasserbad in einer Schüssel schmelzen lassen.

2. Die Eier trennen und die Eiweiße mit dem Salz steif schlagen. Die Eigelbe mit dem Zucker schaumig schlagen. Die Butter-Schoko-Mischung sowie den Eischnee unterziehen. Das Mehl mit dem Kakao vermischen und unterheben. Ein Backblech mit Backpapier auslegen und den Teig daraufstreichen. Im Backofen ca. 20 Minuten backen. Herausnehmen und abkühlen lassen.

3. Für das Kompott die Kirschen waschen, abtropfen lassen (4 Stück zur Seite legen) und entsteinen. Den Zucker in einem Topf karamellisieren. Mit Rotwein ablöschen und den Karamell damit vom Topfboden lösen. Den Kirschsaft, das Vanillemark, den Zimt und die Zitronenschale dazugeben und auf die Hälfte einköcheln lassen. Die Stärke mit dem Kirschwasser anrühren und die Soße damit abbinden. Die Kirschen in die Soße geben und abkühlen lassen.

4. Die Sahne mit dem Zucker steif schlagen und die Crème fraîche unterheben. Aus dem Biskuit in Größe der Gläser Kreise ausstechen. Dann abwechselnd mit der Sahnemischung und dem Kirschkompott auf die Gläser verteilen.

5. Aus der übrigen Schokolade mit einem Messer Späne abziehen. Die Kirschtorte im Glas mit Kirschen und Schokospänen garniert servieren.

Kaffee-Schoko-Kuchen

Zutaten:

Für z. B. 8 × à ca. 290 ml

150 g Butter
150 g Zucker
2 Eier
250 g Mehl
1 Prise Salz
3 EL Kakao
1 TL Backpulver
120 ml Milch
3 EL frisch gebrühter Espresso

Außerdem:
weiche Butter für die Gläser

Zubereitung:

1. Die vorbereiteten Gläser mit Butter einpinseln. Den Backofen auf 180 °C (160 °C Umluft) vorheizen. Die Butter mit dem Zucker cremig rühren, nach und nach die Eier unterrühren.

2. Das Mehl mit dem Salz, dem Kakao und dem Backpulver mischen, abwechselnd mit der Milch unter die Buttermasse rühren. Zum Schluss den Espresso dazugeben und alles gut vermischen.

3. Den Teig in die vorbereiteten Gläser füllen. Im Backofen ca. 25 Minuten backen (Stäbchenprobe). Herausnehmen und abkühlen lassen. Nach Belieben mit essbarem Goldglitter bestreuen, verschließen und als Geschenk verpacken oder im Glas servieren.

Schokokuchen mit Sterndeko

Zutaten:

Für z. B. 8 × [Glas] à ca. 290 ml

100 g Zartbitterkuvertüre
6 Eier
1 EL Zitronensaft
250 g Butter
220 g Zucker
200 g Walnusskerne
150 g Mehl

Außerdem:
weiche Butter für die Gläser
Puderzucker zum Bestäuben

Zubereitung:

1. Die vorbereiteten Gläser mit Butter einpinseln. Den Backofen auf 160 °C (140 °C Umluft) vorheizen.

2. Die Kuvertüre zerkleinern und im heißen Wasserbad schmelzen.

3. Die Eier trennen. Die Eiweiße mit dem Zitronensaft steif schlagen. Die Butter mit dem Zucker cremig rühren. Nach und nach die Eigelbe zugeben und die abgekühlte Schokolade unterziehen. Die Hälfte der Walnüsse grob hacken, die übrigen fein mahlen. Das Mehl und die gehackten sowie gemahlenen Nüsse untermengen und den Eischnee unterheben.

4. Den Teig in die Gläser füllen und im Backofen ca. 40 Minuten backen (Stäbchenprobe). Aus dem Ofen nehmen, gut auskühlen lassen und mit Puderzucker bestäubt servieren.

Weihnachtlicher Gewürzkuchen

Zutaten:

Für z. B. 4 × à ca. 290 ml

100 g weiche Butter
2 kleine Eier
85 g brauner Zucker
1 EL Vanillezucker
1 EL Zitronenabrieb
1 EL Orangenabrieb
1 Prise Salz
65 g Mehl
1 TL Backpulver
30 g Speisestärke

40 g gemahlene Haselnüsse
½ TL gemahlener Zimt
¼ TL gemahlener Ingwer
¼ TL gemahlene Nelken
1 Prise gemahlener Kardamom
2 EL Milch

Außerdem:
weiche Butter für die Gläser

Zubereitung:

1. Die vorbereiteten Gläser mit Butter einpinseln. Den Backofen auf 180 °C (160 °C Umluft) vorheizen.

2. Die Butter schaumig rühren. Die Eier, den Zucker, den Vanillezucker, die Zitronen- und Orangenschale sowie das Salz hinzugeben. Alles gut verrühren, bis die Masse cremig ist.

3. Das Mehl mit dem Backpulver vermischen und mit der Stärke sieben. Zusammen mit den Nüssen, den Gewürzen und der Milch unterrühren.

4. Den Teig in die Gläser füllen und im Backofen ca. 35 Minuten backen (Stäbchenprobe). Die Kuchen herausnehmen, verschließen und auskühlen lassen. Entweder als Geschenk verpacken oder mit Puderzucker bestäubt servieren.

Tipp

Fest verschlossen und kühl gelagert halten sich die Kuchen ca. 2 Monate.

Weihnachtstrifle
mit Madeira-Kuchen, Sahnecreme und Himbeeren

Zubereitung:

1. Den Backofen auf 180 °C (160 °C Umluft) vorheizen. Für den Biskuit die Eier trennen. Die Eigelbe mit dem Zucker schaumig schlagen. Die Butter schmelzen. Die Eiweiße mit dem Salz zu steifem Schnee schlagen. Das Mehl über die Eigelb-Zucker-Masse sieben, die flüssige Butter und ⅓ des Eischnees unterrühren. Den restlichen Eischnee vorsichtig unterheben.

2. Den Boden einer Kastenform einfetten und mit Mehl ausstreuen. Den Teig einfüllen und im Backofen 20–25 Minuten goldbraun backen (Stäbchenprobe). Den Biskuit auf ein Kuchengitter stürzen und vollkommen auskühlen lassen.

3. Den Zucker, die gefrorenen Beeren, die Zitrussäfte und 600 ml kaltes Wasser in einem großen Topf zum Kochen bringen. Die Hitze reduzieren und rühren, bis sich der Zucker aufgelöst hat. Auf kleiner Flamme köcheln lassen, bis die Beeren zu zerfallen beginnen (nach ca. 7 Minuten).

4. Die Gelatine in kaltem Wasser einweichen. Ein Sieb mit einem Mulltuch auslegen und eine Schüssel darunterstellen. Die gekochten Beeren hineingeben und abtropfen lassen. Etwa 250 ml Beerenflüssigkeit in einen kleinen Topf geben und erhitzen. Die Gelatine ausdrücken und in der Flüssigkeit auflösen. Die aufgelöste Gelatine in die übrige Beerenmischung einrühren und im Kühlschrank über Nacht fest werden lassen.

5. Die Sahne steif schlagen. Den Mascarpone mit dem Puderzucker, 5 EL Madeira sowie dem Vanillemark verrühren und die Sahne unterheben.

6. Etwa die Hälfte der frischen Himbeeren in eine große Servierschüssel geben. Die Hälfte des Beerengelees darüber verteilen. Den Biskuit in Stücke zerkrümeln und in die Gläser geben. Mit etwas Madeira beträufeln. Die Hälfte der Creme darauf verteilen und nochmals alles wiederholen. Die Gläser am besten über Nacht im Kühlschrank kühlen. Vor dem Servieren mit den übrigen Beeren belegen und mit Puderzucker bestäuben.

Tipp

Den Biskuit backen Sie am besten schon einen Tag vorher. Dann lässt er sich besser verarbeiten.

Zutaten:

Für z. B. 10 × [Glas] à ca. 290 ml

Für den Biskuitteig:
3 Eier
75 g Zucker
50 g Butter
1 Prise Salz
75 g Mehl

Für das Beerengelee:
350 g Zucker
500 g Himbeeren (TK)
Saft von 1 Orange
Saft von 1 Zitrone
5 Blatt Gelatine

Für die Sahnecreme:
350 g süße Sahne
600 g Mascarpone
80 g Puderzucker
6 EL Madeira
Mark von 2 Vanilleschoten
500 g frische Himbeeren

Außerdem:
weiche Butter und Mehl für die Backform
Puderzucker zum Bestäuben

Weihnachtstrifle mit Madeira-Kuchen, Sahnecreme und Himbeeren

Apfelstrudel mit Vanillesoße

Zutaten:

Für z. B. 4 × à ca. 350 ml

50 g Rosinen
2–3 EL Rum
2 Blatt Gelatine
1 Vanilleschote
6 EL Puderzucker
200 ml süße Sahne

350 g Äpfel
1 EL Butter
1 Zimtstange
½ TL Zitronenabrieb
30 g Mandelblättchen
150 g Strudelteig (Kühlregal)

Außerdem:
2 EL flüssige Butter zum Bepinseln
Puderzucker zum Bestäuben
Minzblättchen zum Dekorieren

Zubereitung:

1. Die Rosinen mit dem Rum beträufeln und ziehen lassen. Die Gelatine in kaltem Wasser einweichen.

2. Die Vanilleschote der Länge nach aufschlitzen und das Mark herauskratzen. Anschließend mit 2 EL Puderzucker und 3 EL Sahne in einem kleinen Topf erwärmen. Die gut ausgedrückte Gelatine darin auflösen und im kalten Wasserbad unter Rühren abkühlen lassen. Die übrige Sahne steif schlagen und unter die Vanillecreme heben.

3. Die Mischung auf vier Gläser verteilen, mit Frischhaltefolie abdecken und mindestens 2 Stunden in den Kühlschrank stellen.

4. Den Backofen auf 160 °C (140 °C Umluft) vorheizen. Ein Backblech mit Backpapier auslegen.

5. Die Äpfel schälen, vierteln, die Kerngehäuse entfernen und klein würfeln. Die Butter in einer Pfanne zerlassen. Die Zimtstange, die Zitronenschale und die Äpfel dazugeben und ca. 2 Minuten andünsten. Die Zimtstange entfernen und 3 EL Puderzucker untermischen.

6. In einer weiteren Pfanne die Mandelblättchen ohne Fettzugabe goldbraun rösten, bis sie zu duften beginnen. Die Rosinen in einem Sieb abtropfen lassen und unter die Äpfel heben.

7. Den Strudelteig mit flüssiger Butter bepinseln und mit dem übrigen Puderzucker bestäuben. Aus dem Teig in Größe der Gläser 4 Kreise ausstechen oder ausschneiden. Die Teigkreise auf das Backblech legen und im Backofen ca. 5 Minuten goldbraun backen.

8. Zum Servieren die Apfelmischung auf der Vanillecreme in den Gläsern verteilen und mit je einem Strudelblatt belegen. Mit den Mandelblättchen bestreuen und nach Belieben mit Minzblättern und Puderzucker bestäubt servieren.

Chocolate-Chip-
Cake zum Geburtstag

Zutaten:

Für z. B. 5 × à ca. 400 ml

250 g weiche Butter
75 g weißer Zucker
75 g brauner Zucker
1 Päckchen Vanillezucker
1 Prise Salz
4 Eier
150 g Mehl
150 g Speisestärke
1 Päckchen Backpulver
50 ml Milch
100 g Schokotropfen

Für den Belag:
100 g Kakaoglasur
Smarties

Außerdem:
weiche Butter für die Gläser

Zubereitung:

1. Die vorbereiteten Gläser mit Butter einpinseln. Den Backofen auf 180 °C (160 °C Umluft) vorheizen.

2. Die Butter mit dem Zucker cremig rühren. Den Vanillezucker und das Salz hinzugeben und die Eier nach und nach unterrühren.

3. Das Mehl mit der Speisestärke und dem Backpulver sieben und abwechselnd mit der Milch unter die Masse rühren.

4. Den Teig in die Gläser füllen. Im vorgeheizten Backofen ca. 35 Minuten backen (Stäbchenprobe). Aus dem Ofen nehmen und sofort verschließen oder auskühlen lassen.

5. Die Kakaoglasur im Wasserbad erwärmen und über den ausgekühlten Kuchen geben. Die leicht angetrocknete Glasur mit den Smarties verzieren.

Tipp

Mit einer Geburtstagskerze können Sie dem Kuchen eine ganz individuelle Note verleihen.

Regenbogenkuchen

Zutaten:

Für z. B. 5 ×  à ca. 350 ml

250 g weiche Butter
250 g Zucker
1 Päckchen Vanillezucker
1 Päckchen Vanillepudding

1 Prise Salz
4 Eier
300 g Mehl
1 Päckchen Backpulver
50 ml Milch
Speisefarben
Kakaopulver

Für den Belag:
200 g Kakaoglasur
ca. 20 g Schoko-Knusper-Perlen

Außerdem:
weiche Butter für die Gläser

4.

5.

6.

Zubereitung:

1. Die vorbereiteten Gläser mit Butter einpinseln. Den Backofen auf 180 °C (160 °C Umluft) vorheizen.
2. Die Butter mit dem Zucker cremig rühren. Den Vanillezucker, das Puddingpulver und das Salz hinzugeben und die Eier nach und nach unterrühren.
3. Das Mehl mit dem Backpulver sieben und abwechselnd mit der Milch unter die Masse rühren.
4. Den Teig in 5 gleichmäßig große Portionen teilen und mit der Speisefarbe bzw. dem gesiebten Kakaopulver verrühren.
5. Den Teig in die Gläser füllen. Im vorgeheizten Backofen ca. 25 Minuten backen (Stäbchenprobe). Aus dem Ofen nehmen, auskühlen lassen und aus den Gläsern lösen.
6. Die Kakaoglasur im Wasserbad erwärmen und über den Kuchen ziehen. Die leicht angetrocknete Glasur mit Schoko-Knusper-Perlen verzieren.
7. Wenn die Kakaoglasur fest ist, die Kuchen mit einem scharfen Messer in Scheiben schneiden und unterschiedlich zusammen setzen, damit der Regenbogeneffekt entsteht.

Tipp

Sie können die Kuchen auch in Scheiben schneiden, bevor Sie sie mit Kakaoglasur überziehen. Dann ist der Überraschungseffekt beim Aufschneiden des Kuchens noch größer.

Tomaten-Mozzarella-Kuchen

Zutaten:

Für z. B. 4 × [Glas] à ca. 400 ml

200 g Tomaten
125 g Büffelmozzarella
½ Handvoll Basilikum
1 ½ EL grüne Pfefferkörner
1 EL Balsamico
4 Eier
8 EL Olivenöl
175 g Mehl
25 g Speisestärke
2 TL Backpulver
1 TL Zucker
1 TL Salz
ca. 125 ml Milch

Außerdem:
Olivenöl für die Gläser

Zubereitung:

1. Die Tomaten waschen und vierteln. Die Stielansätze und die Kerne entfernen, das Fruchtfleisch klein würfeln. Den Mozzarella abtropfen lassen und klein würfeln. Das Basilikum abbrausen und die Blätter klein hacken. Die Pfefferkörner ebenfalls hacken. Alle Zutaten mit dem Balsamico beträufeln und alles locker vermengen.

2. Die vorbereiteten Gläser mit Öl einpinseln. Den Backofen auf 200 °C (180 °C Umluft) vorheizen.

3. Die Eier mit dem elektrischen Handrührgerät schaumig schlagen und das Öl unter Rühren dazugeben. Das Mehl mit der Stärke und dem Backpulver hinzufügen und rasch unterrühren. Den Zucker, das Salz und die Milch dazugeben und alles zu einem geschmeidigen Teig verarbeiten.

4. Die Tomaten-Mozzarella-Mischung unter den Teig heben. Den Teig in die Gläser füllen und im Backofen ca. 35 Minuten backen (Stäbchenprobe). Die fertigen Kuchen sofort verschließen oder auf einem Kuchengitter auskühlen lassen. Zum Servieren aus der Form stürzen.

Fleur-de-Sel-Kuchen

Zutaten:

Für z. B. 4 × [Glas] à ca. 400 ml

150 g Zartbitterschokolade (70 % Kakao)
200 g Butter, 60 g Zucker
2 EL Vanillezucker
3–4 Kardamomkapseln
7–8 Pfefferkörner
175 g Mehl
35 g Speisestärke
4 TL Backpulver
40 g Kakaopulver
1–2 TL Fleur de Sel
4 Eier, 125 ml Milch

Außerdem:
weiche Butter für die Gläser

Zubereitung:

1. Die Schokolade grob hacken und mit der Butter, dem Zucker und dem Vanillezucker in einem Topf bei geringer Hitze schmelzen lassen. Ab und zu umrühren, dann etwas abkühlen lassen.

2. Die vorbereiteten Gläser mit Butter einpinseln. Den Backofen auf 180 °C (160 °C Umluft) vorheizen.

3. Die Kardamomkapseln seitlich aufritzen, die Samen herauslösen und zusammen mit den Pfefferkörnern im Mörser grob zerstoßen. Mit dem Mehl, der Stärke, dem Backpulver, dem Kakao und dem Fleur de Sel mischen. Die Eier hinzufügen und unterühren. Dann die Milch angießen und alles gut vermischen. Zum Schluss die Schokoladenmischung unterheben.

4. Den Teig in die Gläser füllen und im Backofen ca. 35 Minuten backen (Stäbchenprobe). Danach herausnehmen, die Gläser sofort verschließen oder auf einem Kuchengitter auskühlen lassen.

Blumenkohl-Schinken-Kuchen

Zutaten:

Für z. B. 4 × [Glas] à ca. 400 ml

2 Schalotten
1 EL Butter
200 g Blumenkohlröschen
4–5 EL Gemüsebrühe
Salz
frisch gemahlener Pfeffer
2 EL frisch gehackte Petersilie
150 g gekochter Schinken
4 Eier, 100 ml Rapsöl
150 g Mehl
50 g Speisestärke
3 TL Backpulver
125 ml Buttermilch
3 EL geriebener Pecorino
100 g geriebener Gouda

Außerdem:
weiche Butter für die Gläser

Zubereitung:

1. Die Schalotten abziehen, fein würfeln und in der Butter glasig braten. Den Blumenkohl abbrausen, abtropfen lassen und in kleine Stückchen teilen. Zu den Schalotten geben und die Brühe angießen. Mit Salz und Pfeffer würzen und ca. 3 Minuten dünsten, bis die Flüssigkeit nahezu verdunstet ist. Die Petersilie untermischen und abkühlen lassen. Den Schinken klein würfeln.

2. Die Gläser mit Butter einpinseln. Den Backofen auf 200 °C (180 °C Umluft) vorheizen.

3. Die Eier mit dem Öl schaumig schlagen. Das Mehl mit der Stärke und dem Backpulver vermischen und abwechselnd mit der Buttermilch unterrühren. Den Blumenkohl, den Schinken und beide Käsesorten dazugeben und unterheben. Mit Salz und Pfeffer würzen. Die Masse in die Gläser füllen und im Backofen ca. 35 Minuten backen (Stäbchenprobe). Die Gläser herausnehmen und sofort verschließen oder auf einem Kuchengitter auskühlen lassen.

Register

© 2014 design cat GmbH

Genehmigte Lizenzausgabe
EDITION XXL GmbH
Fränkisch-Crumbach 2015
www.edition-xxl.de

Idee und Projektleitung:
Sonja Sammüller
Layout, Satz und Umschlaggestaltung:
design cat GmbH

ISBN (13) 978-3-89736-182-9
ISBN (10) 3-89736-182-5

Der Inhalt dieses Buches wurde von Autor und Verlag sorgfältig erwogen und geprüft. Es kann keine Haftung für Personen-, Sach- und/oder Vermögensschäden übernommen werden.

Kein Teil dieses Werkes darf ohne schriftliche Einwilligung des Verlages in irgendeiner Form (inkl. Fotokopien, Mikroverfilmung oder anderer Verfahren) reproduziert oder unter Verwendung elektronischer oder mechanischer Systeme verarbeitet, vervielfältigt oder verbreitet werden.

Bildnachweis:

Picture-alliance: StockFood/Afanasieva, Oxana 48; StockFood/Bauer Syndication 46, 71; StockFood/Benjamins, Sven 36; StockFood/Brachat, Oliver 27; StockFood/Carlott, Caspar 31; StockFood/Castilho, Rua 51; StockFood/Eising Studio - Food Photo & Video 6-7, 25, 53, 56, 68; StockFood/és-cuisine 54, Cover back; StockFood/Garten, Peter 21, Cover back; StockFood/Gayer, Stephanie 67, Cover back; StockFood/Hildebrandt, Esther 52; StockFood/Hoersch, Julia 35, 66; StockFood/Kirchherr, Jo 24, 72; StockFood/La Food - Thomas Dhellemmes 44; StockFood/Lutterbeck, Barbara 42; StockFood/Mowbray, Philip 9; StockFood/Rees, Peter 57; StockFood/Robertson, Lew 49; StockFood/Schardt, Wolfgang 41; StockFood/Schuster, Christian 47; StockFood/Stockley, Amanda 45; StockFood/Studio Lipov 38, 39; StockFood/Teubner Foodfoto GmbH 32; StockFood/Urban, Martina 10, 12, 15, 22, 29, 30, 34, 40, Cover front (2), Cover back; StockFood/Westermann, Jan-Peter 79; StockFood/Wissing, Michael 11, 26, 37, 59, 60, 62, 63, 65

Shutterstock: ctrlaplus 2–79; LenLis 2–79; Maks Narodenko 5; My Life Graphic 4; Nejron Photo 4; nito 4; oksix 5; Reece with a C 33; vecstock_com 2, 3, 13, 16, 20, 25, 28, 39, 43, 55, 62, 69, 70, 74, 78; Zerbor 5

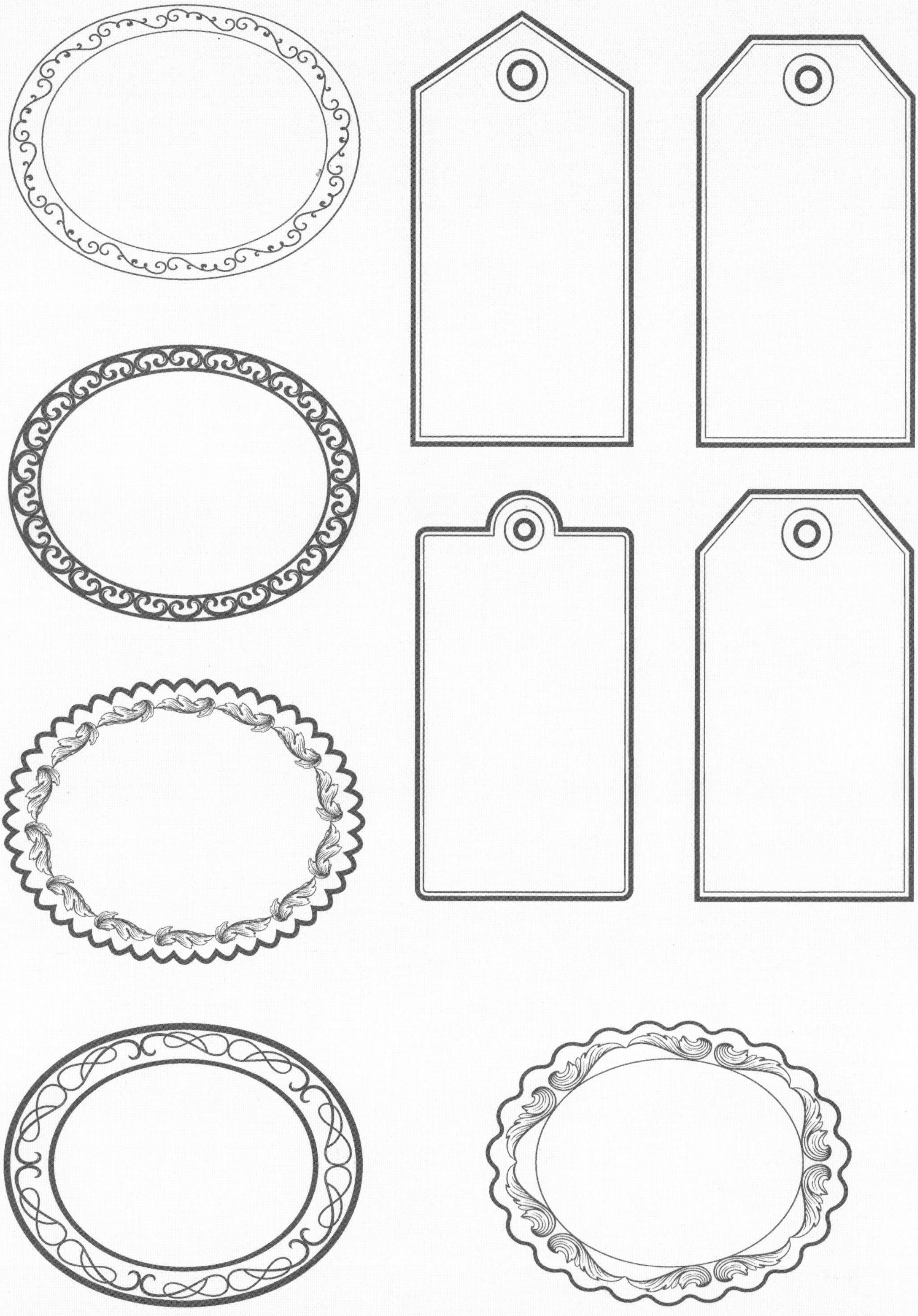